Stefan Müller

Internet of Things (IoT)

Stefan Müller

Internet of Things (IoT)

Ein Wegweiser
durch das Internet der Dinge

Bibliografische Information der Deutschen Nationalbibliothek: Die Deutsche Nationalbibliothek verzeichnet diese Publikation in der Deutschen Nationalbibliografie; detaillierte bibliografische Daten sind im Internet über http://dnb.dnb.de abrufbar.

Herstellung und Verlag:
BoD – Books on Demand, Norderstedt

Covergrafik:
123rf.com / everythingpossible

ISBN: 978-3-7412-7660-6

© 2016 Stefan Müller

Inhalt

Vorwort		7
1	Grundlegendes zum Internet der Dinge	9
	1.1 Begriff & Historie	9
	1.2 Prinzipielle Idee des Internet der Dinge	12
	1.3 Stand der Dinge & Vision	13
	1.4 Das IoT als Grundlage der Digitalisierung in Unternehmen	15
	1.5 Chancen & Herausforderungen	18
2	Technologien	23
	2.1 Vereinfache IoT-Architektur	24
	2.1 Amazon Web Services – AWS IoT als Beispiel für IoT Cloud Services	26
	2.2 Ein Blick in die Microsoft Azure Cloud: Details einer IoT-Lösung	30
	2.3 5G - die Funktechnologie für das IoT	36
	2.3.1 Was ist 5G?	36
	2.3.2 Herausforderungen	37
	2.3.3 Anwendungsbeispiele	40
3	Beispiele für IoT-Szenarien	41
	3.1 Smart Home	41

3.2	Preventive Maintenance & Smart Factory	46
3.3	Connected Car und autonomes Fahren	48
3.4	Smart Grid & Smart Metering (Intelligente Stromnetze)	54
3.5	Fitnesstracker & Wearables - Der IoT-Sportler	56
3.6	Smart Products & Remote Monitoring	59

4 IoT & Big Data   63

5 IoT & Industrie 4.0   67

6 Geschäftsmodelle im IoT-Kontext   71

    6.1 Geschäftsmodellentwicklung   71

    6.2 Plattform Management   75

7 IoT & Security   79

Literatur & Quellen   83

Abbildungsverzeichnis   93

Abkürzungsverzeichnis   97

Index   99

Über den Autor   103

Vorwort

Liebe Leserin, lieber Leser!

Nachdem der Hype um den Begriff „Industrie 4.0" in den letzten drei Jahren Wissenschaft, Wirtschaft, Medien und Politik beschäftigt hat, dreht sich das Rad weiter. Man hat sich über das „Buzzword" hinaus mit Inhalten beschäftigt und dabei kommen neue Begriffe und Schlagwörter auf, die in den Fokus rücken und Thema von Artikeln, Konferenzen, Büchern und Produkten werden.

Ein solcher Begriff ist das „Internet of Things" (IoT) – oder auf deutsch das „Internet der Dinge". Ob Telekommunikationsunternehmen neue Netztechnologien als Grundlage für das IoT anpreisen, vernetzte Automobile über das IoT miteinander verbunden sein werden oder Unternehmensberater Firmen basierend auf dem IoT komplett neue Geschäftsmodelle verkaufen – der Begriff ist in aller Munde.

Dieses Buch erfindet das IoT nicht neu, sondern soll ein kompakter Wegweiser sein. Wo kommt der Begriff her? Was verbirgt sich dahinter? Was kann man damit machen?

Wenn sie Antworten auf diese Fragen haben möchten, hoffe ich, Ihnen weiterhelfen zu können. Wenn Sie hingehen zutiefst technische Spezifikationen suchen, werden Sie bei der Lektüre an der einen oder anderen Stelle sicherlich leer ausgehen.

Ich hoffe, Sie finden das, was Sie sich von dem Buch versprochen haben, ganz egal ob für eine wissenschaftliche Arbeit, als Hintergrundlektüre für Ihre berufliche Tätigkeit oder aus reinem Interesse am Thema.

Danke Ihnen dafür, dass Sie das Buch in Händen halten. Es ist für Sie als Leser geschrieben!

Der Dank gilt dabei vor allem meiner Frau Susanne, die immer wieder zulässt, dass ich mich auch außerhalb meines Jobs am Schreibtisch verstecke und schreibe. Ohne ihre Kompromisse und ihre Hilfe wäre dieses Buch nicht entstanden.

Viel Spaß beim Lesen!

München, im Oktober 2016

Ihr
Stefan Müller

1 Grundlegendes zum Internet der Dinge

1.1 Begriff & Historie

Der Begriff „Internet of Things" (IoT) kam erstmals um die Jahrtausendwende auf und wurde in den ersten Jahren insbesondere durch das Auto-ID-Center am Massachusetts Institut of Technology (MIT) geprägt. Namentlich ist es dessen Mitgründer und damaliger Leiter Kevin Ashton, der von sich behauptet, den Begriff in einer Präsentation beim Konsumgüterhersteller Procter & Gamble im Jahr 1999 erstmals verwendet zu haben (Ashton 2009).

Auch die erste dokumentierte Verwendung in einem Beitrag des Forbes Magazine im Jahr 2002 mit dem Titel „The Internet of Things" (Schoenberger 2002) zitiert Ashton mit den Worten „we need an internet for things, a standardized way for computers to understand the real world".

Die grundsätzliche Idee hinter dem IoT, dass physische Gegenstände durch mikroelektronische Komponenten zu „smarten", vernetzten Geräten werden, greift damit auch ältere Konzepte wie das „Ubiquitous Computing" (vgl. Weiser 1991) auf. Auch hier ging es darum, dass der Computer als eigenständiges Gerät verschwindet und in physischen Objekten der „realen" Welt mit aufgeht (Fleisch & Thiesse 2014).

Bereits Mitte der 2000er Jahre hat sich der Begriff – sowohl als englischsprachiger Begriff „Internet of Things", wie auch in der deutschen Übersetzung „Internet der Dinge" zu einem viel diskutierten Thema entwickelt. So erschienen im Jahr 2005 bereits erste Bücher zum Thema (bspw. Fleisch & Mattern 2005) und kurz danach hatte auch die Politik das Thema auf dem Radar. So veranstaltete die EU-Kommission beispielsweise schon im Jahr 2007 in Lissabon eine Konferenz unter dem Titel „on RFID - The next step to the Internet of things" (EU 2007). Inhaltlich standen die ersten Jahre des Internet der Dinge stark unter dem Fokus von RFID als Schlüsseltechnologie für die Vernetzung von Objekten und die Einbindung physischer Objekte in die virtuelle Datenwelt.

Die Köpfe dahinter ...

Mark Weiser (1952-1999) war am Forschungszentrum von XEROX in Palo Alto (PARC) beschäftigt. In seinem Artikel „The Computer for the 21st century" beschreibt er unter anderem einen ganz normalen Morgen einer Familie in ihrem „Smart Home".

Kevin Ashton (geb. 1968) ist ein britischer Technologie Pionier, der am Auto-ID-Center am Massachusetts Institute of Technology (MIT) einen internationalen Standard für RFID und andere Sensoren mitbegründet hat. Den Begriff „Internet of Things" hat er entscheidend geprägt.

Abbildung 1: Die Köpfe dahinter - Ubiquitous Computing & IoT

Das Internet der Dinge geht über das bisherige „Internet" hinaus, in dem meistens PCs miteinander verbunden waren. Vom Internet der Dinge spricht man dann, wenn durch die fortschreitende „Miniaturisierung eine zunehmende Integration von elektronischen Komponenten und Kleinstcomputern in Alltagsgegenstände bzw. Dinge zu beobachten" ist und „diese Dinge bzw. ihre integrierten Computer mit dem Internet verbunden" werden (Braun 2010, S. 103f).

Das IoT ist also ein ==Netzwerk von Objekten, die mit dem Internet verbunden sind und Daten sammeln bzw. austauschen können==. Falls das zu theoretisch ist, hier ein paar Beispiele aus dem Alltag (siehe auch Kapitel 3):

- Auf Ihr neues „vernetztes" Auto können Sie per App zugreifen und vom Handy aus Funktionen steuern?
  → Internet of Things!
- Ihr „Smart Home" lässt Sie über Ihr Handy die Beleuchtung ändern und die Heizung regeln?
  → Internet of Things!
- Mit Ihren Freunden teilen und vergleichen Sie Laufstrecken und den Trainingsfortschritt?
  → Internet of Things!

1.2 Prinzipielle Idee des Internet der Dinge

Die prinzipielle Idee hinter dem „Internet of Things" ist einfach erklärt: Dadurch, dass einzelne „Dinge" durch eingebaute Computer- und Netzwerkkomponenten direkt mit dem Internet verbunden werden können, können sie Daten sammeln und Daten verarbeiten.
In diesem Zusammenhang wird oft auch von „cyber-physischen Systemen" gesprochen, bei denen das virtuelle Objekt und das reale Objekt miteinander verschmelzen (vgl. die Ausführungen in Müller 2015, S. 100f).

Abbildung 2 zeigt eine vereinfachte Darstellung dessen, was man unter dem „Internet der Dinge" versteht. Einzelne intelligente Objekte kommunizieren sowohl direkt miteinander oder sind Datenlieferanten für die Kommunikation mit weiteren Systemen oder Anwendern.

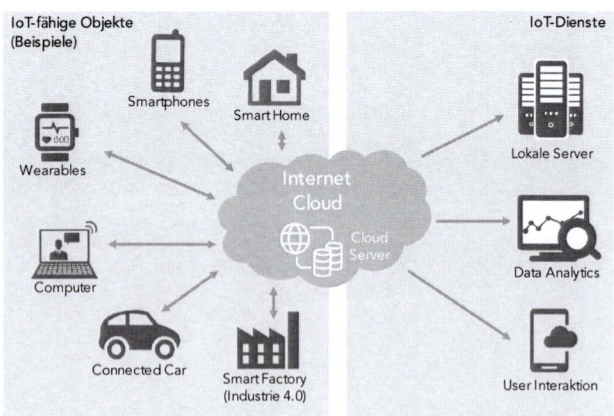

Abbildung 2: Vereinfachte Prinzip-Darstellung des IoT

Carretero & Garcia (2014, S. 445) beschreiben das Internet der Dinge als Zusammenführung zweier Schlüsseltechnologien: einerseits Geräte, die jederzeit und überall mit dem Internet verbunden sind und andererseits „Ubiquitous Computing", also Informationstechnik, die als solche nicht mehr wahrgenommen wird, da sie in täglich genutzten Geräten und Gegenständen integriert ist.

Dadurch, dass solche Geräte und ihre integrierten Systeme ständig in Interaktion stehen, entsteht ein weit verteiltes Netzwerk an Geräten, die sowohl miteinander kommunizieren, wie auch mit ihren Anwendern.

1.3 Stand der Dinge & Vision

Noch im Jahr 2010 wurde das Internet der Dinge von Mattern & Flörkemeier (2010, S. 107) als „Vision" beschrieben, in der „das Internet in die reale Welt hinein verlängert wird und viele Alltagsgegenstände ein Teil des Internet werden". Diese Vision ist inzwischen bereits vielfach Realität geworden.

Ein einfaches Beispiel hierfür ist die Fitness- bzw. Gesundheitsbranche (vgl. Davis 2015). Fitnesstracker-Armbänder, sog. „Wearables", sind inzwischen weit verbreitet und registrieren beispielsweise die tägliche Anzahl an Schritten, messen Aktivität und Schlaf. Diese Daten können dann nicht nur selbst ausgewertet werden, sondern vor allem auch mit anderen Anwendern verglichen werden.

Abbildung 3: Fitness-Tracker als Beispiel für eine IoT-Anwendung (Bild: Cisco)

Andererseits dürfen solche Beispiele jedoch nicht den Blick dafür verstellen, dass aktuell noch 99% der „Dinge" nicht mit dem Internet verbunden sind und der große IoT-Hype erst noch bevorsteht.

Auch wenn sich Experten über die Größenordnung nicht einig sind, wird in den nächsten Jahren von allen Marktbeteiligten ein exponentielles Wachstum des Internet of Things erwartet. So sehen die Analysten von Gartner (Middleton et al. 2013) bis zum Jahr 2020 ein Wachstum auf 26 Milliarden angebundene „Dinge" mit einem damit verbundenen Dienstleistungsgeschäft von über 300 Milliarden US-Dollar. Spencer (2014) zitiert einen IDC-Report, der noch weit optimistischer ist. Ausgehend von einer jährlichen Wachstumsrate an zusätzlich installierten Geräten von über 16% erwarten die IDC-Analysten im Jahr 2020 einen Markt von über 7 Billionen US-Dollar.

Wohin die Reise tatsächlich gehen wird, wird die Zukunft zeigen. Aktuell scheint jedenfalls klar, dass eine Vielzahl von Unternehmen sich aktuell mit dem Thema beschäftigt um einen Nutzen daraus zu schlagen.

Und auch wenn hier beschriebene Beispiele teilweise bereits heute Realität sind, lassen die visionären Szenarien noch eine Vielzahl weiterer Anwendungen zu. Autonomes Fahren sei an dieser Stelle nur als eine beispielhafte Applikation genannt. Auch der seit vielen Jahren bereits als Beispiel für die Digitalisierung genannte Kühlschrank (vgl. Grün 2014), der selbst nachbestellt, hat bislang noch keinen Durchbruch am Markt erzielt (obwohl er bereits 1999 erstmalig als Studie „Screenfridge" der Firma Electrolux vorgestellt wurde).

1.4 Das IoT als Grundlage der Digitalisierung in Unternehmen

Unternehmen stehen auf dem globalen Markt im stetigen Wettbewerb. Um langfristig erfolgreich zu sein, müssen sie ihr tägliches operatives Handeln und ihre Strategie an Markttrends anpassen und technologische Möglichkeiten nutzen.

Ein solcher Trend, dem sich aktuell kein Unternehmen verschließen kann, ist die Digitalisierung. Durch die zunehmende Digitalisierung können Unternehmen neue technische Möglichkeiten als Wettbewerbsvorteil nutzen. Dies führt für die restlichen Marktbegleiter in den jeweiligen Branchen schnell dazu, dass die „digitale Transformation" nicht mehr nur eine Chance, sondern fast schon ein Zwang wird, wenn man nicht vom Markt abgehängt werden will.

Eines der wesentlichen Phänomene, das man dabei in den unterschiedlichsten Branchen beobachten kann, ist der Wandel vom Produktanbieter hin zum Service-Anbieter. Vorreiter hierbei sind seit mehreren Jahren beispielsweise Anbieter professioneller Dokumentenmanagement-Lösungen. Diese verkaufen nicht mehr ihre Drucker, Kopierer und Multifunktionsgeräte, sondern rechnen im „Pay-per-Use"-Verfahren nach gedruckten Seiten ab. Für die Kunden hat diese bessere Anbindung an den Hersteller den Vorteil, dass zusätzliche Leistungen (wie beispielsweise die automatische Nachlieferung von Verbrauchsmaterialien) bezogen werden können. Gleichzeitig ist dies auch für die Anbieter ein lukratives Zusatzgeschäft. Was ist aber die Grundlage für ein solches Modell? Vernetzte Geräte!

Die Zunahme von Serviceangeboten anstelle des reinen Produktverkaufs führt vielfach zu höherer Interaktion zwischen einem Anbieter und seinen Kunden. Digitalisierung steigert dies nochmals (vgl. folgende Abbildung).

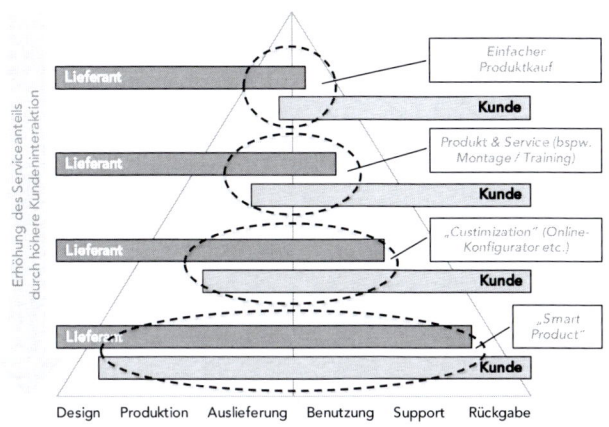

Abbildung 4: Zunahme des Serviceanteils auf Grundlage der Digitalisierung (in Anlehnung an Martinez et. al 2010, S. 449ff)

Ein weiteres Beispiel, wie ein solcher Wandel komplette Branchen verändern wird, ist die Automobilindustrie. Auch hier droht den Herstellern, dass Kunden in der Zukunft mehrheitlich keine Autos mehr kaufen wollen, sondern sich Mobilität als Dienstleistung kaufen. Die in den letzten Jahren zunehmenden Leasingangebote und das in Großstädten vielfältig angebotene Car Sharing sind dafür erste Vorboten.

Mit Blick auf die Produktion und die Produktherstellung verändert sich darüber hinaus – im Zuge der Digitalisierung – das ein oder andere bislang gültige Paradigma. Die Verlagerung in Low-Cost-Standorte ist ein solches Thema, das aktuell auf dem Prüfstand steht. In den letzten Jahrzehnten wurden die weltweiten Produktionsstandorte zunehmend anhand möglichst günstiger Lohnkosten ausgewählt. Dort wurde unter Nutzung von Skaleneffekten möglichst zentralisiert für den weltweiten Bedarf produziert. Lange Lieferzeiten über die Lieferkette wurden in Kauf genommen.

Die aktuellen Kundenanforderungen im digitalen Zeitalter stehen diesem Geschäftsmodell diametral entgegen. Kunden wollen möglichst individuelle Produkte kaufen und erwarten, diese von einem Tag auf den anderen zu erhalten. Unternehmen müssen sich an diese Kundenforderungen anpassen und sich an den Kunden orientieren („Customer Centricity"). Neue technische Möglichkeiten in Produktionstechnik und IT unterstützen eine solche Anpassung.

So ist neben der Nutzung neuer Technologien (beispielweise 3D-Druck bzw. additive Herstellungsverfahren) beispielsweise die durchgängige Integration und die konsequente Nutzung von Echtzeit-Daten eine wichtige Voraussetzung um kundenspezifische Varianten schnell abwickeln zu können. Das Internet of Things liefert diese Daten über die Lieferkette hinweg und über den Auftragsabwicklungsprozess im Unternehmen.

1.5 Chancen & Herausforderungen

Neue Technologien und neue technische Möglichkeiten entstehen selten „einfach so". Im Regelfall werden für Anwender oder Unternehmen Verbesserungen erwartet, die als Verkaufsargument dienen. Sie sind die Grundlage für Innovation und die technische Entwicklung von Neuerungen in allen Branchen.

Im Fall des IoT wird ein verbesserter Kundenservice als wesentliche Chance erwartet. Für viele Unternehmen geht dies gleichzeitig mit der Weiterentwicklung vom Produkthersteller zum Serviceanbieter einher (wie dies beispielsweise für die Automobilindustrie gilt, wo die Hersteller zunehmend mehr zum Anbieter von Mobilität werden als lediglich Autos zu verkaufen).
Darüber hinaus stehen Kosteneinsparungen (beispielsweise Energieeinsparungen durch Smart Home Anwendungen) oder eine höhere Effizienz im Vordergrund (EU 2015, S. 1).

Der amerikanische Technologieanbieter Cisco als einer der führenden Provider von Netzwerk-Infrastrukturen rund um das Internet der Dinge sieht fünf wesentliche Wachstumsfaktoren für das IoT (vgl. Bradley et al. 2013, S. 4) mit entsprechendem Geschäftspotenzial:

- **Bessere Ressourcennutzung und Kostensenkung**
  (Potenzial von bis zu 2,5 Billionen Dollar bis 2022):
  Beispiel für bessere Ressourcennutzung ist das „Smart Home" mit vernetzten, intelligenten Energiemanagement zur Optimierung der Energiekosten. Gleiches gilt auch für Mobilität als gemieteter Service mit einer viel höheren durchschnittlichen Nutzung von Fahrzeugen als wenn sie nur einer Person gehören und die meiste Zeit des Tages nicht bewegt werden.

- **Mitarbeiterproduktivität und erhöhter Arbeitseffizienz** (Potenzial von bis zu 2,5 Billionen Dollar bis 2022): Viele Anwendungsfälle innerhalb der „Smart Factory" fallen in diese Kategorie. Die Liste möglicher Anwendungsfälle beginnt bei der Nutzung von „Augmented Reality" im Zusammenhang mit „Pick-by-Vision"-Anwendungen in der Logistik. Durch Informationen, die in einer Datenbrille angezeigt werden und Aktionen, die über Gestensteuerung gesteuert werden können, haben Mitarbeiter beide Hände frei und können Arbeitsvorgänge ohne Unterbrechung erledigen. Auch die erhöhte Interaktion mit Maschinen durch Knowhow- und bedienerabhängige Anweisungen bei Wartungen und Umrüstungen kann die Produktivität steigern.

- **Weniger Verschwendung in Lieferkette und Logistik** (Potenzial von bis zu 2,7 Billionen Dollar bis 2022): Im Fokus steht hier die bessere, genauere Allokation von benötigten Gütern durch eine hohe Echtzeit-Transparenz über Lieferströme.

- Kundenzufriedenheit und Kundenbindung (Potenzial von bis zu 3,7 Billionen Dollar bis 2022): Die zur Verfügung stehenden Daten können zur besseren und vermehrten Interaktion mit Kunden genutzt werden, um diese an Produkt, Marke und Unternehmen zu binden und gleichzeitig daraus noch zusätzliche Geschäftspotenziale abzuleiten. Ein Beispiel hierfür ist das Connected Car. Über mobile Apps und In-Car-

Anwendungen kann dem Fahrer nicht nur ein Zusatznutzen angeboten werden. Auch die Anbieter können dadurch zusätzliche Umsätze generieren, beispielsweise wenn Sensoren im Fahrzeug eine nötige Reparatur ankündigen und über eingebaute Apps gleich per Klick ein Termin in der nächstgelegenen Werkstatt gebucht werden kann (die das Ersatzteil gleichzeitig schon vorab bestellen kann).

- **Innovation (3,0 Billionen Dollar bis 2022):**
  Alle oberen Punkte basieren auf der Optimierung und Erweiterung bestehender Geschäftsmodelle. Aus Innovationen im IoT-Umfeld werden zusätzlich noch viele heute noch ungeahnte Innovationen entstehen, die zu neuen Geschäftsmodellen führen werden.

Nichtsdestotrotz stellt das Internet der Dinge die Gesellschaft auch vor einige Herausforderungen (vgl. EU 2015, S. 1). Dies beginnt bereits bei der Frage nach offenen Standards und der Interoperabilität von smarten Objekten. Nur mit solchen Standards kann ein innovationsfördernder Wettbewerb entstehen, der Kunden ein breit gefächertes Spektrum an Möglichkeiten bietet.

Die zweite wesentliche Herausforderung ist technischer Natur: Durch das IoT wird erwartet, dass sich die Anzahl der vernetzten Geräte exponentiell entwickelt und damit viel höhere Anforderungen an Telekommunikationsnetze und auch die zugrundeliegenden Netzwerkprotokolle gestellt werden. Insbesondere für die teilweise (beispielsweise für das autonome Fahren) benötige Kommunikation in Echtzeit muss eine konstante Verbindung in ausreichender Qualität jederzeit und überall verfügbar sein.

Bei einer solch unvorstellbar großen Anzahl an vernetzen Geräten, wie IoT-Szenarien aktuell beschrieben werden, müssen darüber hinaus auch Sicherheitsaspekte betrachtet werden (vgl. EU 2015, S. 1). Die Balance zwischen Datenschutz und der Vertraulichkeit persönlicher Daten einerseits und der Datennutzung mit möglichen Mehrwerten andererseits muss an dieser Stelle sehr sensibel abgewogen werden. Aktuelle Hackerangriffe der letzten Monate zeigen auch, dass eine Vielzahl an IoT-Geräten manipulierbar ist und so beispielsweise auch für Angriffe benutzt werden kann.

In gleichem Maße gilt dies auch für die Frage nach dem Eigentum an Daten. Allen Marktbeteiligten ist inzwischen klar, dass Daten von großem Wert sind und zukünftig noch immer wertvoller werden. Wenn jedoch jeder seine eigenen Daten hortet und diese nicht teilt, werden vernetzte Anwendungen nie ihr volles Potenzial nutzen können.

2 Technologien

Das Internet der Dinge ist nach Samulat (2015) eine Kombination mehrerer Technologien: Sensorik, Cloud und Big Data. „Ständig mit dem Internet verbundene Sensoren sammeln eine riesige Anzahl von Daten und speichern diese in der Cloud um daraus – nach entsprechender Analyse – neue Ereignisse anzustoßen. Theoretisch könnte hierfür nach Rieche (2015) eine kleine App ausreichen. Diese müsste jedoch einerseits die notwendige Kapazität und andererseits die entsprechenden Analyseprozesse besitzen, um aus Daten Wissen zu generieren, mit dem dann Entscheidungen unterstützt werden können.

Im Gegensatz zu heute ist so eine veränderte Applikations-Architektur nötig, die nicht mehr auf einigen wenigen großen Softwarepaketen mit einer Vielzahl von Funktionen beruht und nur mit großem Aufwand angepasst werden kann. Die Anforderungen haben sich verändert: Neben Skalierbarkeit und Verfügbarkeit steht vor allem Agilität im Vordergrund. Um diese Anforderungen zu erfüllen, muss die Applikationsarchitektur aus vielen kleinen, voneinander unabhängigen Objekten bestehen, die jedoch miteinander vernetzt sind und reibungslos zusammenarbeiten (Rieche 2015).

Eine Architektur aus solchen „Microservices" (vgl. Rieche 2015) zeichnet sich durch spezielle Eigenschaften aus (Büst 2015):

- **Bessere Skalierbarkeit:** Einzelne Teil-Services können unabhängig voneinander skaliert werden, beispielsweise wenn eine einzelne Komponente vermehrt in Anspruch genommen wird. Die restlichen Komponenten werden dadurch nicht beeinflusst.

- **Höhere Verfügbarkeit der gesamten Applikation:** Auch bei Ausfällen einzelner Teilkomponenten wird nicht die gesamte Applikation beeinflusst, sondern nur eine Teil-Funktionalität. Dadurch kann ein Teil-Ausfall evtl. sogar überhaupt keine direkte Außenwirkung haben (bspw. bei Backend-Services).

- **Bessere Agilität:** Änderungen, Verbesserungen und Erweiterungen lassen sich unabhängig von der Funktionalität der gesamten Applikation vornehmen und ohne andere Teil-Services zu beeinträchtigen.

- **Continuous Delivery:** Änderungen, Verbesserungen und Erweiterungen lassen sich regelmäßig – ohne ein Update der gesamten Applikation – vornehmen.

2.1 Vereinfache IoT-Architektur

Eine vereinfachte (generische) Architektur für beliebige IoT-Anwendungen wird in Abbildung 5 dargestellt. Grundlage für jede Architektur sind dabei die „Dinge" aus dem „Internet der Dinge", also Geräte als Datenlieferanten für die Applikation einerseits (im Sinne eines Sensors) und als

Datenempfänger andererseits (im Sinne eines Aktors). Je nach Fähigkeit dieser Geräte werden diese Geräte entweder direkt mit dem Internet verbunden, oder müssen über ein zwischengeschaltetes Gateway angebunden werden. Dies könnte beispielsweise schon ein einfacher WLAN-Router sein für Geräte, die per WLAN an das Internet angeschlossen sind.

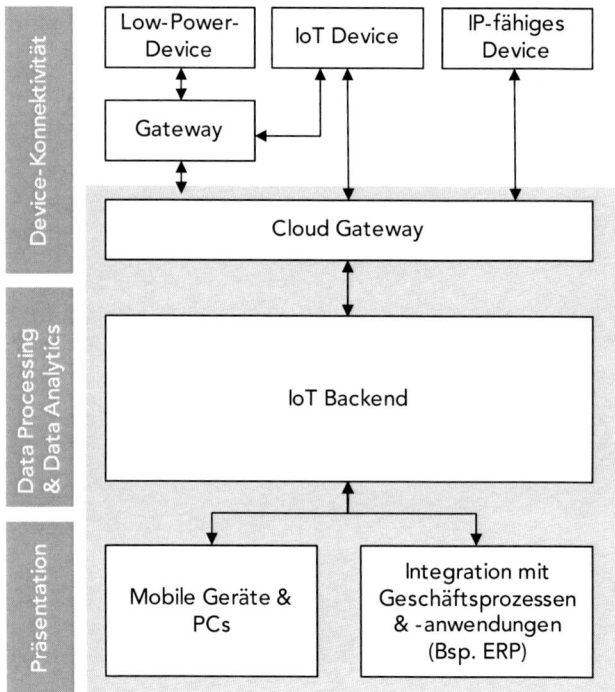

Abbildung 5: Vereinfachte Cloud Architektur (in Anlehnung an Microsoft 2016)

Innerhalb des IoT-Backends findet die Verarbeitung der Geräte-Daten statt. Dies beinhaltet je nach Anwendung unterschiedlichste Funktionen, angefangen von einfacher Datenspeicherung über ein Event-Handling bis hin zu komplexen Werkzeugen zur Datenanalyse.

Auf die Daten zugreifen können dann entweder andere Applikationen (bspw. Unternehmensanwendungen wie ein ERP-System) oder reine Anzeige- bzw. Reporting-Funktionalitäten aufsetzen.

2.1 Amazon Web Services – AWS IoT als Beispiel für IoT Cloud Services

Viele große Anbieter versuchen in den letzten Monaten, IoT-Lösungen zu vermarkten und Kunden die möglichst einfache Umsetzung von IoT-Szenarien zu ermöglichen. Am Beispiel der Amazon Web Services für IoT-Lösungen soll dargestellt werden, wie dies funktioniert (vgl. Amazon 2016).

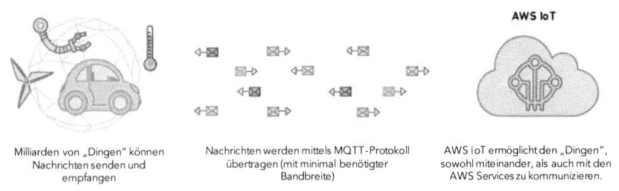

Milliarden von „Dingen" können Nachrichten senden und empfangen

Nachrichten werden mittels MQTT-Protokoll übertragen (mit minimal benötigter Bandbreite)

AWS IoT ermöglicht den „Dingen", sowohl miteinander, als auch mit den AWS Services zu kommunizieren.

Abbildung 6: Anbindung von Geräten an das IoT (vgl. Amazon 2016a)

Grundlage für die IT-Architektur ist die Anbindung der Geräte an das IoT und damit an die mit den Geräten arbeitenden Services (vgl. Abbildung 6), wie bereits im Kapitel 2.1 beschrieben.

Abbildung 7 stellt das vernetzte Fahren als mögliches Anwendungsszenario zum besseren Verständnis dar:

Abbildung 7: Vernetztes Fahren als beispielhafte IoT-Anwendung (vgl. Amazon 2016a)

Grundlage für die IoT-Applikation ist wie bereits erwähnt, die Anbindung von Geräten. In der Amazon AWS IoT-Lösung (vgl. Amazon 2016a) sind u.a. mit HTTP, WebSockets und MQTT mehrere Kommunikationsprotokolle integriert, die eine einfache Anbindung möglich machen sollen.

Das Protokoll MQTT („MQ Telemetry Transport") ist dabei ein spezielles Protokoll für die Anbindung von Geräten mit sehr geringer Netzwerkbandbreite, das nur geringen Code auf den Geräten erfordert und auch mit Verbindungsunterbrechungen umgehen kann. Durch die „Übersetzung" der verschiedenen Protokolle ermöglichen die Amazon

Web Services dabei auch eine Kommunikation zwischen Geräten, die unterschiedliche Protokolle „sprechen" (vgl. Amazon 2016a).

Abbildung 8 gewährt einen tieferen Blick in die Bausteine der Amazon IoT Cloud Lösung und deren Funktionen. Neben der reinen Anbindung der Geräte ist auch die sichere Kommunikation hier ein wesentlicher Faktor in der verlässlichen Umsetzung von IoT-Applikationen.

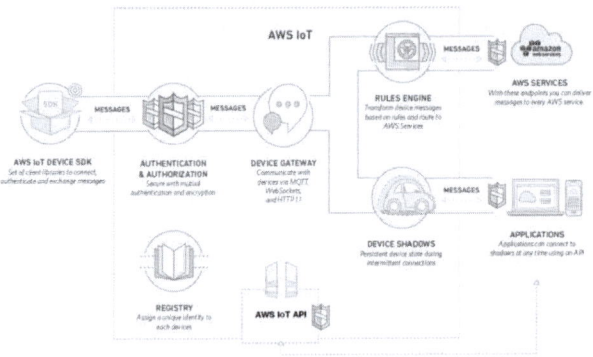

Abbildung 8: Die Amazon IoT-Anbindung im Detail (vgl. Amazon 2016)

Auf der Anwendungsseite bietet die Amazon IoT-Lösung zwei mögliche Funktionen zur Anbindung der Geräte in Anwendungsszenarien. Einerseits die „Rules Engine", mit der in angebundenen Web-Services (als von Amazon angebotene Cloud-Anwendungen) Aktionen ausgelöst werden können. Im in Abbildung 7 dargestellten Szenario zum vernetzen Fahren könnte dies beispielsweise bedeuten, dass alle Fahrzeuge in einem gewissen Umkreis eine Warnmeldung bekommen, wenn die Sensoren in einem Fahrzeug eine Gefahrstelle identifizieren. Prinzipiell kann diese Regelfunktion für alle denkbaren Anwendungen eingesetzt werden (vgl. Amazon 2016), bei denen Daten von den verbundenen Geräten gesammelt, verarbeitet, analysiert oder für weitere Aktionen berücksichtigt werden sollen. Wesentlicher Vorteil ist dabei, dass die Anbindung ohne die Verwaltung der Infrastruktur zur Geräteanbindung erfolgen kann, da dies Teil der IoT-Lösung ist.

Andererseits bietet Amazon über die Funktion „Device Shadows" die Möglichkeit, sogenannte „Schattengeräte" als virtuelles Abbild von IoT-Devices zu erzeugen (vgl. Amazon 2016). Unabhängig von der aktuellen Verbindung speichern diese virtuellen Abbilder den letzten bekannten Zustand der angeschlossenen Geräte und ermöglichen Anwendungen eine dauerhafte Kommunikation mit den Geräten. Sobald IoT-Geräte online sind, werden diese mit dem Schattengerät synchronisiert.

Das „AWS IoT" ist für Amazon nur ein Baustein zum Anbieten einer gesamten Lösung für IoT-Anwendungen aus dem Baustein der Amazon Web Services. Wie eine solche Gesamtlösung aussehen kann, zeigt Amazon mit der „Pragma Architektur", in der sie die IoT-Grundsätze abgebildet sehen (vgl. Amazon 2016b).

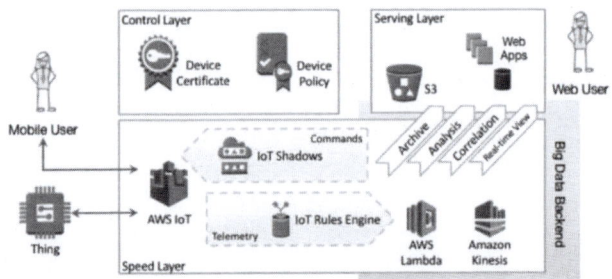

Abbildung 9: Die Amazon „Pragma"-Architektur (vgl. Amazon 2016b)

2.2 Ein Blick in die Microsoft Azure Cloud: Details einer IoT-Lösung

Einen weiteren Blick in das Innenleben des IoT gewährt Microsoft mit der Referenzarchitektur seiner Cloud-IoT-Lösung „Azure" (vgl. Microsoft 2016, S.11ff). Um einen Blick auf die einzelnen Bausteine der Lösung werfen zu können, muss die in Abbildung 5 dargestellte prinzipielle Architektur weiter detailliert werden (vgl. Abbildung 10):

- **Cloud Gateway:**
  Das Cloud Gateway hat im Referenzmodell gleich mehrere Funktionen. Die wesentliche Aufgabe ist die Anbindung der unterschiedlichsten Geräte an die Cloud mit der ggf. notwendigen Anpassung und Umwandlung von Kommunikationsprotokollen.

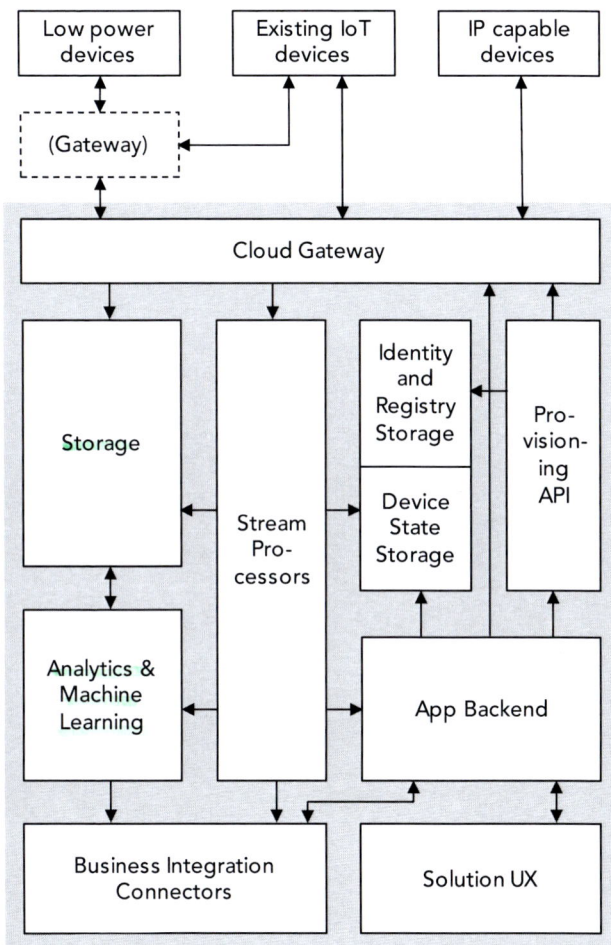

Abbildung 10: Detailblick in die Microsoft IoT-Referenzarchitektur (vgl. Microsoft 2016, S. 6)

Darüber hinaus regelt das Gateway die Autorisierung und Authentifizierung der angebundenen Geräte.

Inwiefern im Gateway noch weitere datenverarbeitenden Aufgaben direkt eingebunden werden hängt von der spezifischen Umsetzung ab. Microsoft empfiehlt im Referenzmodell (vgl. Microsoft 2016, S. 11) jedoch, die Daten möglichst ungefiltert in die Cloud zu bekommen, um dort dann die Verarbeitung anzustoßen. Je nach angebundenem Gerät können zwischen dem „Ding" und der Cloud mehrere Gateways hintereinander liegen, bspw. sogenannte dezentrale „Field Gateways".

- **Devices & IoT Client:**
Für die Kommunikation zwischen einzelnen Geräten und der zentralen Cloud müssen gewisse Komponenten für die Kommunikation implementiert sein. Je nach „IoT-Befähigung" des Geräts kann dies direkt im entsprechenden Gerät oder in einem zwischengeschalteten „Field Gateway" erfolgen.

Die Anbindung kann (vgl. Microsoft 2016, S. 12f) auf drei grundlegende Arten erfolgen: 1.) Direkte Konnektivität integriert in die jeweilige Geräte-App, 2.) Nutzung von Agenten als spezifisch installierte Software-Komponenten im Gerät oder 3.) vorgefertigte Client-Komponenten des IoT-Backends, die in die Geräte-Apps integriert werden können (Bsp: Microsoft Azure IoT Device SDK).

- **Device Provisioning:**
Die „Provisioning API" ist die zentrale Zugriffsmöglichkeit auf den Device Identity & Registry Store. Ihre Aufgabe ist beispielsweise, neue Geräte der IoT-Anwendung bekannt zu machen oder Geräte auch wieder zu deaktivieren.

- **Device Identity & Registry Store:**
Der „Device Identity Store" ist die zentrale Ablage für Informationen zur Identität einzelner an die IoT-Anwendung angeschlossener Geräte. Dazu gehört auch das Speichern von Informationen, die das Cloud Gateway für die Autorisierung und Authentifizierung benötigt. Alle Informationen, die über die reine Identifikation hinausgehen, werden im „Device Registry Store" gespeichert.

Dies beinhaltet zum Beispiel auch Metadaten, die für die jeweilige IoT-Lösung benötigt werden. Im Registry werden dementsprechend neben den reinen identifizierenden Daten beispielsweise auch operative Daten abgelegt.

In einem Connected Car-Szenario könnte man hier etwa unterscheiden zwischen der fixen GPS-Koordinate einer Ampel (Identity-Information) und der sich regelmäßig verändernden Position eines vernetzten Fahrzeugs (operative Registry-Information).

- **Device State Store:**
  Über das Device Registry hinaus werden operative Daten der Geräte im Device State Store gespeichert, auf den die Device Registry verweist. Neben dem Speichern von Roh-Daten, die von den Geräten übertragen werden, ist ein zentrales Element des Device-State-Store das Speichern des zuletzt bekannten Zustands des Devices. Dieser wird regelmäßig überschrieben.

  Die Speicherung der Daten kann je nach Erfordernissen organisiert werden. Microsoft Azure beinhaltet dabei eine ganze Reihe von Werkzeugen bzw. Möglichkeiten: Azure Data Lake, Azure Blob Storage, Azure Tables, Azure DocumentDB, SQL Datenbanken etc.

- **Data Flow & Stream Processing:**
  Innerhalb der IoT-Lösung werden die unterschiedlichen benötigten Datenströme durch den „Stream Processor" koordiniert und gesteuert. Durch die Abbildung als separate Komponente werden die unterschiedlichsten Arten der Kommunikation zwischen den einzelnen Applikationskomponenten orchestriert, angefangen vom Datenupload der Geräte über das Überschreiben der „Last State Values" im Device State Store bis hin zu komplexen Datenanalysen im gespeicherten Datenbestand. Das Stream Processing enthält auch Event Processing Funktionalitäten, um situativ abhängig von den Daten Aktionen auslösen zu können.

- **Solution UX (User Experience)**
  Die „Solution UX" ist das User-Interface der IoT-Lösung – im Regelfall eine Website. Zu den Aufgaben gehören an dieser Stelle der Zugriff auf Geräte Daten und die Datenvisualisierung. Oftmals kommen noch Benachrichtigungsmöglichkeiten und Alarm-Funktionalitäten dazu, um Benutzer abhängig von IoT-Events zu erinnern. Bei der Konzeption der Frontend-Funktionalitäten, auf die User zugreifen können, muss insbesondere auch die Datensicherheit beachtet werden, um unberechtigten Zugang zu den IoT-Devices zu vermeiden.

- **App Backend**
  Das App Backend enthält die Business-Logik der IoT-Lösung. Damit einher geht das Zusammenspiel und die Aktionen zwischen einzelnen „Dingen" oder auch die Interaktion zwischen Geräten und Benutzern. Auch das Lifecycle-Management der angebundenen Geräte mit ggf. Updateverteilung etc. gehört zum Backend.

- **Business Systems Integration:**
  Eine IoT-Lösung stellt nur einen Teil der betrieblichen IT-Architektur von Unternehmen dar. Dementsprechend gibt es in IoT-Applikationen Verbindungsmöglichkeiten zur Anbindung weiterer Anwendungen, beispielsweise CRM oder ERP-Anwendungen. Genauso gehören dazu auch Workflow-Funktionalitäten, um aus IoT-Events heraus Prozesse zu starten.

- **Data Analytics:**
 IoT-Lösungen haben im Regelfall direkte Funktionen zur Datenanalyse integriert, beispielsweise um die Daten der angeschlossenen Geräte direkt für Vorhersagezwecke auswerten zu können („Azure Machine Learning").

2.3 5G - die Funktechnologie für das IoT

2.3.1 Was ist 5G?

Ubiquitous Computing – die allgegenwärtige Durchdringung des Alltags mit Computern – kann nicht funktionieren, wenn jedes Gerät erst über ein Netzwerkkabel mit der Außenwelt verbunden werden muss. Dies gilt in gleichem Maß auch für das Internet der Dinge und die darin angebundenen Geräte.

Betrachtet man das vorhergesagte Wachstum von IoT Applikationen und entsprechenden Geräten (vgl. Kapitel 1.3), wird die heutige Kommunikationsarchitektur nicht die benötigten Datenvolumina und Übertragungsgeschwindigkeiten liefern können. Insbesondere gilt dies für zeitkritische Applikationen, die nicht nur immer online sein müssen, sondern auch mit geringer Latenzzeit Informationen austauschen können müssen (bspw. zum autonomen Fahren und der Kommunikation zwischen einzelnen Verkehrsteilnehmern).

Die Technologie, die in den nächsten Jahren die heutigen „4G"-Mobilfunknetzwerke (LTE) ablösen soll, wird als „5. Generation" im Mobilfunk oder kurz „5G" bezeichnet. Das weltweite Konsortium von Telekommunikationsanbietern, das aktuell unter dem Projektnamen „Next Generation Mobile Networks (NGMN) daran arbeitet, beschreibt die dahinterstehende Vision wie folgt (NGMN 2015, S. 12):

"5G is an end-to-end ecosystem to enable a fully mobile and connected society. It empowers value creation towards customers and partners, through existing and emerging use cases, delivered with consistent experience, and enabled by sustainable business models."

2.3.2 Herausforderungen

Die neue Technologie muss dabei unterschiedlichste Herausforderungen gleichzeitig lösen, um für alle relevanten Anwendungsbereiche die richtige Unterstützung bieten zu können.

Abbildung 11 stellt diese Herausforderungen zusammengefasst dar:

Breitband vs. Ultra-Narrow-Band:
Die zu übertragenden Datenvolumen werden immer größer. Fotos und Videos auch mobil zu empfangen und zu versenden ist bereits heute üblich. Je mehr Daten zukünftig in Cloud-Datenbanken liegen, umso mehr und umso

schneller müssen Daten auch auf mobile Endgeräte übertragen werden. Auf der anderen Seite müssen gleichzeitig auch Anwendungsszenarien mit sehr geringen Bandbreiten abgewickelt werden können, die dafür mit wenig Leistung auskommen. Die Technologen sprechen an dieser Stelle von „Ultra-Narrow"-Bandbreite. Eine solche Technik kann beispielsweise für IoT-fähige Sensoren zu Einsatz kommen, die in der Landwirtschaft auf Feldern verteilt Daten über mehrere Jahre senden. Hier werden nur geringe Datenmengen benötigt, dafür muss eine Batterielaufzeit für einen langen Zeitraum ausreichen.

Mobiles Breitband
10 Gbps

5G Herausforderungen

Hohe Gerätedichte
1 Mio. Geräte pro km^2

Geringe Latenzzeit
1 ms

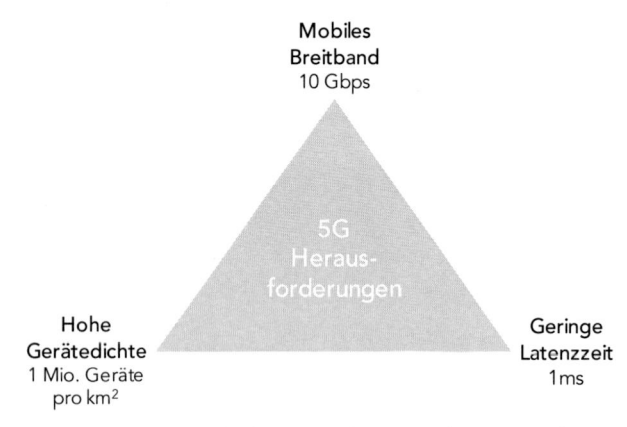

Abbildung 11: Herausforderungen der 5G-Technologie (vgl. Huawei 2016, S. 5)

Hohe Gerätedichte vs. weitreichende Abdeckung:
Die zunehmende Anzahl von Geräten, die über Mobilfunk kommunizieren, stellt Netzanbieter vor eine große Herausforderung, da die Infrastruktur insbesondere in Ballungs-

räumen jedem einzelnen Teilnehmer noch eine ausreichende Bandbreite ermöglichen muss. Neben diesen Ballungsraum-Anforderungen muss Mobilfunk auch flächendeckend außerhalb von Städten funktionieren. Auch hier ist das vernetzte Fahren erneut ein gutes Beispiel, das zeigt, dass Funklöcher in IoT-Szenarien zu größeren Schwierigkeiten bei der Umsetzung vernetzter Anwendungen führen können.

Geringe Latenzzeit:
In industriellen IoT-Anwendungsbeispielen werden zukünftig auch sicherheitskritische Anwendungen über Mobilfunk gesteuert. Daher muss sichergestellt sein, dass Reaktionszeiten von einem IoT-Device in das IoT-Backend und ggf. wieder zurück zu einem anderen Gerät ausreichend schnell erfolgen können.

Das bereits mehrfach als Use Case betrachtete „Connected Car" verdeutlicht die Auswirkungen auch hier am Beispiel des „Platooning" von LKWs. Dabei verbinden sich LKWs miteinander und hängen sich an ein Führungsfahrzeug, das Fahrstrecke und Geschwindigkeit bestimmt. Die folgenden Fahrzeuge fahren mit sehr dichtem Abstand im Windschatten und folgen 1:1 den Reaktionen des Führungsfahrzeugs.

Aus dem Windschattenfahren (unterhalb des normalen Mindestabstandes) lässt sich eine deutliche Einsparung an Kraftstoff erzielen. Doch was passiert, wenn das Führungsfahrzeug kurzfristig reagieren muss? Die Folgefahrzeuge müssen die gleiche Reaktion nahezu gleichzeitig auslösen. Nur so kann das Szenario umgesetzt werden. Eine merkliche Verzögerung – beispielsweise von einer Sekunde – würde zu folgenschweren Auffahrunfällen führen.

2.3.3 Anwendungsbeispiele

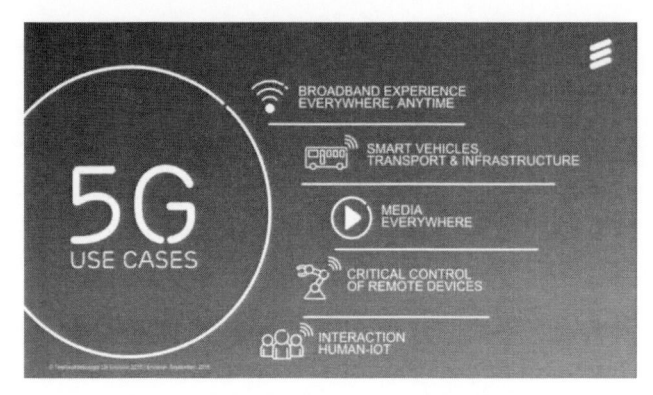

Abbildung 12: Use Cases für 5G (Ericsson 2016, S. 19)

Die Anwendungsfälle für 5G, die sowohl von Mobilfunkanbietern, wie auch von Infrastruktur-Herstellern skizziert werden, haben mit IoT-Anwendungen (siehe Kapitel 3) eine große Überdeckung. Dies zeigt, dass 5G nicht nur eine Grundlage für das IoT ist, sondern auch umgekehrt das Internet der Dinge ein wesentlicher Treiber für den Mobilfunk der nächsten Generation sein kann.

3 Beispiele für IoT-Szenarien

Die bis hierhin über weite Strecken allgemein gehaltenen Ausführungen zum Internet der Dinge sollen im Folgenden mit konkreten Beispielen für IoT-Szenarien aus unterschiedlichen Branchen ergänzt werden. Mögliche Anwendungen, die sich damit ergebenden Veränderungen und ggf. und deren Auswirkung auf Geschäftsmodelle sollen dadurch konkretisiert werden:

3.1 Smart Home

Das „Smart Home" bzw. die damit gemeinte Vernetzung hin zu einem intelligenten Gebäude ist bei weitem kein neu entdecktes Thema, das erst kürzlich aufgekommen ist.

Abbildung 13: Bill Gates' Smart Home – 1997 gebaut (Bildquelle: bcj.com)

Vielmehr verwirklichte Microsoft-Gründer Bill Gates schon Ende der neunziger Jahre in seiner Villa am Lake Washington in der Nähe von Seattle die Vision des „Smart Home" und war der Industrie damit um Jahrzehnte voraus.

Mit der 1997 noch sehr aufwendigen und teuren Technik nahm er einiges um Jahre vorweg, was im heutigen Stand der Technik gängig Praxis geworden ist: Seine Vision einer möglichst unsichtbaren Informationstechnik im Haus beginnt mit der Identifizierung eintretender Personen durch einen Funk-Chip am Hauseingang (vgl. McGrath 2016). Abhängig von der Person wird nicht nur Zutritt gewährt, sondern auch beispielsweise Musik und Beleuchtung abhängig der persönlichen Leidenschaften im Haus gewählt. Dabei lernt die Technik mit und merkt sich, wenn Personen bestimmte Vorlieben haben.

Auch die Hersteller von Hausgeräten bewarben schon früh die Vision des vernetzten Haushalts. Insbesondere der intelligente Kühlschrank wurde regelmäßig ab Ende der neunziger Jahre beworben. So war es beispielsweise der schwedische Hersteller Electrolux, der mit seinem „Screenfridge" 1999 den Pilotbetrieb startete. Die wesentliche Idee ist dabei über die Jahre unverändert geblieben. Von Adrian King, des ehemaligen britischen IT-Herstellers ICL wird hierzu regelmäßig ein Interview mit der BBC aus dem Jahr 1999 zitiert (vgl. BBC 1999):

> *„Imagine this, you're in the kitchen and notice that you are running low on eggs. You swipe*

the carton past the barcode scanner, which makes a note on its personal 'shopping list'. You do this for all the items that you need. When you're ready, you send the list to a nominated supermarket who can then make up and deliver the order to your home."

Abbildung 14: Electrolux Screenfridge (1999) im Vergleich zum Samsung „Family Hub Refrigerator" aus dem Jahr 2016 (Bildquellen: baulinks.de / retailwire.com)

Obwohl sich der vernetzte Kühlschrank bislang nicht durchsetzen konnte, geht der Trend eindeutig zum immer „smarter" werdenden Zuhause. Das Internet der Dinge ist dabei einer der wesentlichen Treiber, da für die Vernetzung nicht mehr eine komplexe, starre Verkabelung notwendig ist, sondern einzelne Devices miteinander kombiniert, ergänzt und auch wieder entfernt werden können.

Es wird eine Vernetzung der Geräte untereinander möglich (und nicht nur einzelner Geräte mit einzelnen Services). So kann beispielsweise das Heizungsthermostat das Signal vom geöffneten Fenster erkennen und das Lüften nicht unnötigerweise als plötzlichen Kälteeinbruch deuten. Auch dass die Anwesenheit der Hausbewohner (bspw. automatisch über ihr Smartphone im WLAN) erkannt wird - sogenanntes „Smart Fencing" – und dadurch die verschiedenen Geräte im Haus beeinflusst werden, gehört dazu.

Manche Anwendungen, wie beispielsweise über Smartphone-App steuerbare Lampen, stellen sicherlich mehr ein Spielzeug ihrer Nutzer dar. Trotzdem sind sie aktuell das beherrschende Thema auf Fachmessen (vgl. Hamann 2015). Hamann (2015) nennt die durch programmierbare Lampen im Schlafzimmer erzeugte „Illusion einer aufgehenden Sonne" sogar das sichtbarste Zeichen dafür, dass „sich das computergesteuerte Haus nun durchsetzt".

Wichtig für die steigende Nutzung der technologischen Möglichkeiten wird dabei die Frage nach dem Nutzen für die Anwender. Während der mit dem Internet verbundene Kühlschrank bislang nur wenige Menschen von seinem Mehrwert überzeugen konnte, winken andere Applikationen mit messbarem Nutzen.

Insbesondere das Thema Energiemanagement und Heizungssteuerung sticht dabei hervor. Spätestens seit der Übernahme des amerikanischen Anbieters vernetzter Heizungsthermostate und Rauchmelder NEST Labs Inc. durch Google im Jahr 2014 für einen Kaufpreis von 3,2 Mrd. US-Dollar (Miller 2014), wurde dieses Anwendungsfeld ein zentrales Thema im Smart Home.

Abbildung 15: NEST Thermostat und App

NEST Labs wird (NEST 2016) für seine aktuelle dritte Produktgeneration mit einer Kosteneinsparung von 10-12% bei Heizkosten und 15% bei Klimatisierung. Das NEST Thermostat wird dabei im Wesentlichen damit beworben, dass es in den ersten Tagen relativ schnell die Gewohnheiten seiner Nutzer lernt. Daraus werden dann Automatismen abgeleitet, mit denen automatisch die Heizungssteuerung angepasst wird (bspw. wenn das Haus leer steht oder über Nacht die Temperatur heruntergefahren werden soll).

Ein derartiges vernetztes Energiemanagement macht dann noch mehr Sinn, wenn mehr dezentral erzeugte Energie eingesetzt wird. Wenn die vernetzten Dinge für den spezifischen Anwendungsfall im Zusammenspiel von Energieerzeugung, Energiespeicherung und Energieverbrauch ein Optimum erzielen können, dann hat man die Möglichkeiten seines Smart Home genutzt.

Abbildung 16: Komponenten eines energetischen Smart Home (Bildquelle: sma-sunny.com)

3.2 Preventive Maintenance & Smart Factory

Eine weitere – immer wieder erwähnte – Anwendung für das Internet der Dinge und insbesondere die Nutzung von Maschinendaten in der Produktion ist „Preventive Maintenance" – die vorausschauende Instandhaltung als Teil der „Smart Factory".

Die Einführung von Predictive Maintenance (und damit die Nutzung von Maschinen als Datenlieferanten und das Arbeiten mit den Daten) kann sich für produzierende Unternehmen schnell rechnen. Eine Studie der Aberdeen Group (Ismail & Paquin 2013, S. 4) gibt beispielsweise an, dass Unternehmen durch die Einführung von Predictive Maintenance ungeplante Stillstandzeiten um durchschnittlich bis zu 2% und ihre Wartungskosten um bis zu 13% senken konnten.

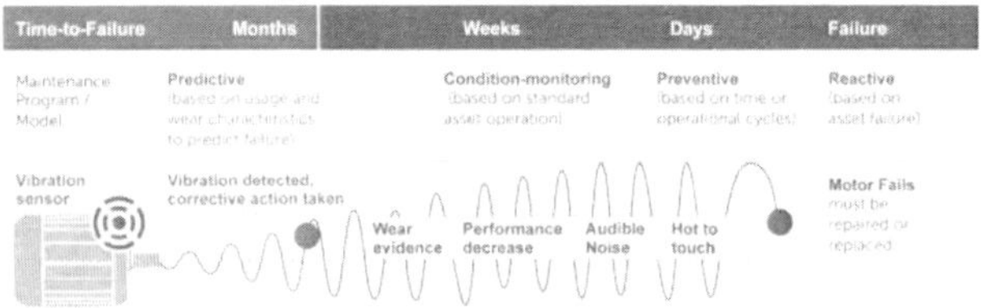

Abbildung 17: Frühere Reaktion durch Predictive Maintenance (Dell 2016, S. 1)

Predictive Maintenance geht von Maschinen aus, die mit einer Vielzahl von Sensoren Daten in eine IoT-Cloud-Anwendung liefern. Durch das IoT ist man in der Lage, die Daten der einzelnen Maschinen und der einzelnen Sensoren zusammenzuführen um daraus Rückschlüsse zu erzielen. Das Sensorverhalten (ggf. auch mehrerer Sensoren im Zusammenspiel) kann somit als Grundlage dienen, basierend auf mathematischen Modellen Ausfälle von Bauteilen oder ganzen Maschinen vorauszusagen. Eine Wartung muss dementsprechend nicht mehr erst im Fehlerfall (Reaktive Wartung) oder nach fixen Wartungsplänen (vorbeugende Wartung) erfolgen, sondern individuell dann, wenn ein möglicher Ausfall droht.

Weitere Erläuterungen zur Smart Factory und Anwendungsfällen im Produktions-Kontext bietet die Abgrenzung des „Internet of Things" vom Begriff der Industrie 4.0 im Kapitel 5.

3.3 Connected Car und autonomes Fahren

Aktuelle Studien zeigen, dass das „Connected Car" – also das mit dem Internet verbundene Auto – längst Realität ist (vgl. BearingPoint 2016). Die dabei von den Kunden wahrgenommenen und genutzten Funktionen sind jedoch noch nicht sehr weitreichend. Die zitierte Studie der Unternehmensberatung BearingPoint beispielsweise ergibt, dass knapp 40% der Fahrer von Fahrzeugen mit vernetzten Funktionen entweder nicht wissen, ob ihr Auto ein „Connected Car" ist oder sogar davon überzeugt sind, dass ihr Auto nicht vernetzt ist (vgl. BearingPoint 2016, S. 8). Auf die Frage nach vernetzten Funktionen, die Nicht-Nutzer zukünftig gerne nutzen würden (ebenda, S. 13), lagen Navigation (20%) und Infotainment (14%) auf den ersten beiden Plätzen der Antworten. Vom wirklichen „vernetzten Fahren" ist das noch recht weit entfernt.

Bereits heute können Fahrer bei Fahrzeugen vieler Marken ein Connectivity Paket als Sonderausstattung wählen, mit dem sie per Smartphone-App auf Funktionen ihres Fahrzeuges zugreifen können.

Abbildung 18: Die BMW i Remote App als Beispiel für heute Car Connectivity Funktionalität (Bildquelle: BMW)

Die Connectivity von Fahrzeugen wird in Zukunft jedoch noch deutlich steigern. Die bevorstehende „zweite Welle" des Connected Car (vgl. BearingPoint 2015) – die im Jahr 2015 bei 55% der Hersteller noch nicht die Serienreife erreicht hatte – wird die damit zusammenhängenden Anwendungsszenarien auf den Markt bringen.

Erst dann werden Fahrzeuge mit ihrer Umgebung aktiv Informationen austauschen. Entsprechende Applikationen werden unter dem Begriff „Car-to-X"-Kommunikation zusammengefasst. Grundsätzlich wird dabei zwischen der Kommunikation zwischen einzelnen Fahrzeugen („Car-to-Car") und der Kommunikation von Fahrzeugen mit Infrastruktur („Car-to-Infrastructure" oder „Infrastructure-to-

Car") unterschieden (vgl. C2C 2007, S. 9), die einen wesentlichen Teil dazu beitragen sollen, Unfälle weitgehend zu vermeiden. Folgende Anwendungsbeispiele gehören unter anderem dazu (vgl. C2C 2007, S.12ff):

Warnung vor Gefahrenstellen
Die Vernetzung von Fahrzeugen wird dazu genutzt, Informationen über Gefahrenstellen an andere Fahrzeuge auf der gleichen Strecke zu übertragen. Wenn beispielsweise das ESP eines Fahrzeugs aufgrund einer rutschigen Fahrbahn eingreifen muss, oder die Dämpfung große Schlaglöcher erkennt, kann die Information zusammen mit der Position der Gefahrenstelle weitergegeben werden. Durch die Vernetzung zwischen Fahrzeugen könnten beispielsweise Fahrzeuge im Gegenverkehr die Information auf nachfolgende Fahrzeuge übertragen (vgl. Abbildung 19).

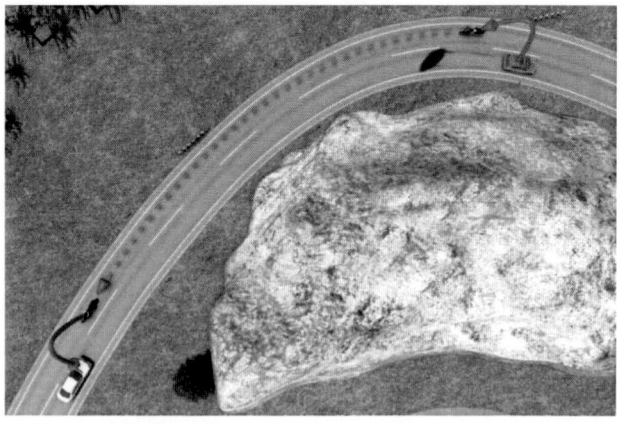

Abbildung 19: Warnung über Gefahrenstellen (Bild: car-2-car.org)

Auf dem gleichen Weg können dann in komplexeren Szenarien auch Stauwarnungen an sich annähernde Fahrzeuge weitergegeben werden, um den Verkehrsfluss zu optimieren und Verkehrsströme optimal zu leiten.

Kollisionswarnung

Neben der Warnung vor stillstehenden Gefahrenstellen, kann Car-to-Car-Kommunikation auch dazu dienen, Gefahren aus zwei sich bewegenden Verkehrsteilnehmern zu identifizieren. Abbildung 20 stellt ein solches Szenario dar, wo ein Motorrad in der entsprechenden Situation nicht im Sichtbereich des Fahrers ist. Durch die Geschwindigkeit des Motorrads würde aber eine Kollision drohen. Wenn beide Fahrzeuge entsprechende Informationen miteinander austauschen, kann ein Unfall vermieden werden.

Auch bei Überholvorgängen kann ein solches Szenario durch einen Austausch von Informationen über Entfernung und Geschwindigkeit zur besseren Beurteilung und dadurch Vermeidung kritischer Situationen führen.

Abbildung 20: Kollisionswarnung durch Car-to-Car-Kommunikation (Bild: car-2-car.org)

Geschwindigkeitsanpassung im Stadtverkehr

Vernetztes Fahren dient nicht ausschließlich der Verkehrssicherheit. Auch die Reduzierung der Umweltbelastung und die bessere Nutzung der beschränkten Infrastrukturressourcen sind Aufgabenstellungen, die durch Vernetzung angegangen werden können. Das Car-2-Car Communication Consortium, das seit vielen Jahren an entsprechenden Szenarien und deren Umsetzung forscht (vgl. C2C 2007, S. 15f), beschreibt als Beispiel hierfür die Geschwindigkeitsanpassung im Stadtverkehr um grüne Ampeln zu erreichen. Durch Kommunikation zwischen allen Fahrzeugen und den jeweiligen Verkehrsampeln kann die Geschwindigkeit des fließenden Verkehrs so optimiert werden, dass Grünphasen optimal ausgenutzt werden und möglichst wenig Stop-and-Go-Verkehr notwendig wird.

Abbildung 21: Infrastructure-to-Car-Kommunikation zur Optimierung des Stadtverkehrs (Bild: car-2-car.org)

Darüber hinaus erhoffen sich auch Unternehmen einiges von solch vernetzter Kommunikation und den damit in Zusammenhang stehenden Dienstleistungen. Die Volkswagen AG beispielsweise (vgl. Volkswagen 2016, S. 21) nennt das Thema „Geschäftsfeld Mobilitätslösungen ausbauen" in der Jahreshauptversammlung 2016 einen der vier Eckpfeiler der Strategie 2025.

Für die Automobilbranche bedeutet die digitale Zukunft dabei gleich aus mehrerer Hinsicht einen Umbruch: Zum einen steht ein technologischer Wandel hervor (beispielsweise mit der Elektromobilität als neuer Antriebstechnik), zum anderen ändern sich die Geschäftsmodelle. Wie bereits im Kapitel 1 beschrieben, ist bereits heute der Trend erkennbar, dass die Dienstleistung „Mobilität" für viele Kunden zukünftig wichtiger sein wird, als der Besitz eines eigenen Autos. Dies geht jedoch mit weiteren Veränderungen einher, unter anderem neuen Wettbewerbern aus anderen Branchen und auch dem „Autonomen Fahren" als Zukunftsvision des automatisierten Fahrens.

3.4 Smart Grid & Smart Metering (Intelligente Stromnetze)

Als „Smart Grid" wird (nach Bahga und Madisetti 2014, S. 54) ein mit dem Stromnetz integriertes Datennetzwerk bezeichnet, das in Echtzeit Daten über Stromverbrauch, Stromübertragung und Stromverteilung misst und analysiert. Ziel ist es dabei, dezentrale Energienetzwerke besser managen zu können und Energieerzeugung und Verbrauch besser miteinander in Einklang zu bringen. Das deutsche Bundesministerium für Wirtschaft und Energie (BMWi 2016) übersetzt den Begriff mit „intelligentem Stromnetz" und beschreibt ihn mit der „kommunikativen Anbindung der Akteure des Energiesystems von der Erzeugung über den Transport, die Speicherung und die Verteilung bis hin zum Verbrauch an das Energieversorgungsnetz.

„Smart Meter" – an das IoT angeschlossene Stromzähler – sind dabei eine wesentliche Grundlage. Insbesondere durch Verknüpfung von Verbrauchern und Preisinformationen durch Cloud-Anwendungen sollen dabei Energiekosten eingespart werden können (vgl. Bahda und Madisetti 2014, S. 54). Smart Meter können nicht nur Stromverbrauch oder eingespeiste Strommenge messen (vgl. BMWi

2016), sondern protokollieren auch Spannungsausfälle und versorgen die Netzbetreiber mit wichtigen Informationen zur automatisierten Abstimmung von Stromerzeugung, Netzbelastung und Verbraucheranlagen.

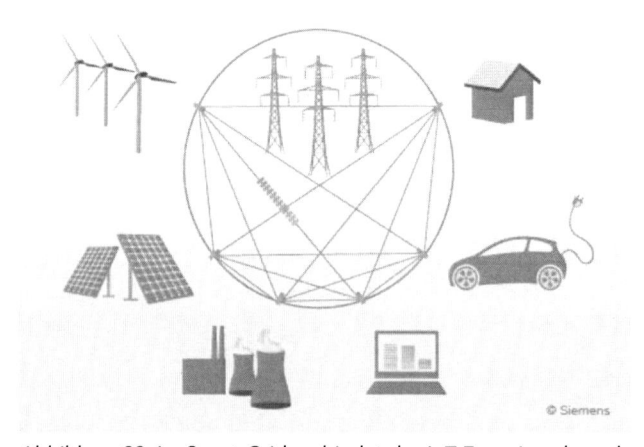

Abbildung 22: Im Smart Grid verbindet das IoT Energieverbrauch und Energieerzeuger (Bild: Siemens)

Durch den Einsatz von Smart Metering als eine Komponente des Smart Home entstehen auch Synergien und Abhängigkeiten zwischen Smart Grid und Smart Home. Slama, Puhlmann et al. (2015, S. 46) sehen dabei beides wechselseitig als wichtige „Enabler" für die jeweils andere Technologie: Eine ausreichende Verbreitung von an das IoT angebundenen intelligenten Stromzählern ist eine Grundlage für ein funktionierendes Smart Grid. Andererseits ist das Energiesparen über Synchronisation von Energieverbrauch mit dezentral erzeugter, erneuerbarer Energie und günstigen, zeitabhängigen Stromtarifen einer der wesentlichen Use Cases im Smart Home.

3.5 Fitnesstracker & Wearables - Der IoT-Sportler

Im IoT werden auch die Menschen zunehmend mehr zu vernetzen Dingen, zu einem Objekt mit zugehörigen Daten. Ein sehr gutes Beispiel hierfür (und ein einfaches Anwendungsbeispiel für die digitale Vernetzung) sind die sogenannten Fitnesstracker.

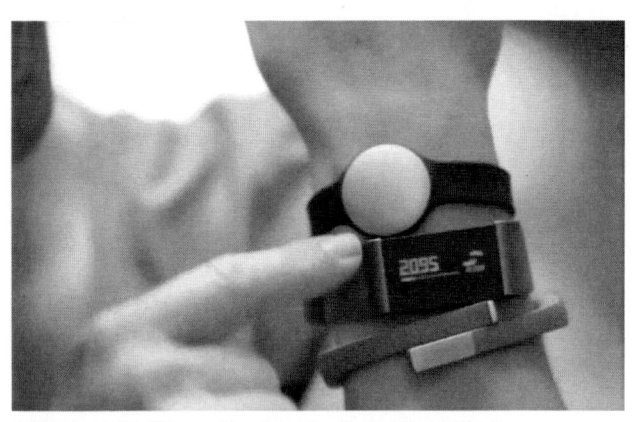

Abbildung 23: Fitness-Tracker als „Basic Wearables"

Fitness-Tracker als sogenannte „Basic Wearables" bieten nicht die komplexen Anwendungsmöglichkeiten, wie sie beispielsweise inzwischen durch Smart Watches ermöglicht werden. Trotzdem geben sie genügend Einblicke in die technischen Ansätze, die sich an dieser Stelle zukünftig noch ergeben werden.

Was machen Fitness-Tracker? Die Anbieter umwerben Kunden damit, ein besseres und gesünderes Leben zu führen und schneller ihre Trainingsziele zu erreichen. Abbildung 24 zeigt beispielsweise einige App-Funktionen, die im Zusammenspiel mit den Fitness-Armbändern des Marktführers Fitbit genutzt werden können.

Abbildung 24: Fitness-Tracker-App (Bildquelle: fitbit.com)

Datengrundlage für alle Funktionen ist ein vollständiges Tracking der täglichen Aktivität (Schlaf, Aktivitäten, Training etc.), ergänzt ggf. noch um manuelle Eingaben (Gewicht, Ernährung etc.). Aus den Aktivitäten werden Echtzeitinformationen über Tag und Nacht generiert, die in der entsprechend Web-App zur Verfügung stehen.

Diese (erst einmal anonymen) Daten werden mit Benutzerdaten aus Internetdiensten ergänzt und so mit Personendaten zusammengeführt. Einerseits um Trainingsziele mit den Aktivitäten abzugleichen und sich durch „Medaillen" belohnen zu lassen oder auch andererseits um mit anderen Nutzern in einen Wettbewerb und Vergleich zu treten.

Das Marktwachstum für solche Wearables war in den letzten Jahren enorm: Einer IDC-Studie zu folge stiegt der Absatz der Geräte allein im Vergleich vom 2. Quartal 2014 auf das 2. Quartal 2015 um 223% von ca. 5,6 Mio. auf 18,1 Mio. Geräte weltweit (Ramisch 2015).

Millionen Menschen geben entsprechend Daten über sich, ihre Fitness und damit auch ihre Gesundheit preis. Diese Daten sind sicherlich auch von andere Interessenten begehrt, beispielsweise von Krankenkasse. Es wird sich zeigen, wie schnell hier Tarife entstehen, die ein Monitoring der Aktivitäten und ein gewisses Pensum an regelmäßiger Aktivität voraussetzen.

Für die Anbieter sind aktuell solche Geschäftsmodelle noch Zukunftsmusik. Aktuell beschränkt sich die Datennutzung noch auf zielgerichtete Werbung und zielgerichtetes Ansprechen für Aktionen.

3.6 Smart Products & Remote Monitoring

Ein gutes und anschauliches Beispiel für das Internet der Dinge liefert der Aufzugshersteller Schindler, der in den letzten Jahren seine Produkte zu „Smart Products" im Sinne der Industrie 4.0 aufgerüstet hat. Das bedeutet, dass handelsübliche Aufzüge heute ständig als „Ding" mit der Außenwelt und damit auch mit ihrem Hersteller verbunden sind.

Die Konnektivität geht dabei weit über die bereits seit vielen Jahren verwendeten Wartungsschnittstellen für den Datenzugriff von außen auf den Aufzug hinaus. Sensoren im Aufzug messen eine Vielzahl von Daten, die regelmäßig immer wieder untertägig an den Hersteller übermittelt werden (vgl. T-System 2015).

Dort setzt die Datenanalyse an und arbeitet mit diesen Daten. Fehler werden nicht nur umgehend erkannt, sondern sollen vor allem auch vorhergesagt werden können, wenn die Sensoren „verräterische" Muster liefern, die auch in anderen Fällen einen Fehler nach sich gezogen haben. „Smart Monitoring" nennen die Schweizer Aufzugsbauer diesen digitalisierten Prozess.

So schafft es der Hersteller des „Smart Products", dass er direkt von seinem Produkt erfährt, wenn etwas nicht stimmt und nicht erst darauf warten muss, bis der Kunde reklamiert. Für die Wartungsprozesse bedeutet dies einen enormen Vorteil (vgl. Apple 2016). Der Servicetechniker ist nicht nur schneller und unabhängig von der Kunden-Fehlermeldung unterwegs, sondern kennt vor allem auch schon vor seinem Eintreffen beim Kunden die Fehlermeldung und das dadurch benötigte Ersatzteil.

Data from Elevator or Escalator	Cloud 200M Messages/Day	iOS FieldLink iOS App

Abbildung 25: Digitalisierte Schindler-Aufzüge senden in Summe täglich 200 Millionen Nachrichten in das Internet der Dinge (Quelle: Apple)

Im Gegensatz zu früheren Zeiten, wo der Techniker erst nach dem Einsteigen in den Aufzugsschacht den Defekt (und die verbauten Komponenten) feststellen konnte, bedeutet das nicht nur für die Reaktionszeit, sondern auch für die Reparaturzeit eine deutliche Verbesserung.

Damit wird das Beispiel lehrbuchtauglich: es scheint durch die Digitalisierung eine tatsächliche „Win-Win-Situation" zu geben und nicht nur eine Digitalisierung um ihrer selbst willen (Klostermeier 2015). Kunden profitieren von der schnelleren Reparatur, die Servicetechniker von der Arbeitserleichterung und das Unternehmen kann durch den optimierten Prozess, die daraus resultierende Kosteneinsparung und den verbesserten Service im Idealfall einen vorübergehenden Wettbewerbsvorteil erzielen.

Abbildung 26: Das Smartphone wird für den Schindler-Service zur zentralen Infoquelle über Fehlermeldungen, Ersatzteile und Anleitungen (Quelle: Apple)

Um solche Wettbewerbsvorteile zu erreichen, müssen Unternehmen Digitalisierungsprojekte rund um das Internet der Dinge jedoch komplett „end-to-end" durchdenken. Es geht nicht nur darum, Geräte netzwerkfähig zu machen. Erst wenn damit Prozesse verbessert werden und ein Kundenvorteil entsteht, ergibt sich ein nachhaltiger Nutzen.

Schindler wurde für seine Digitalisierungsinitiativen und den Einsatz digitaler Technologien inzwischen mehrfach ausgezeichnet. Der vom Handelsblatt verliehene „Digital Business Innovation Award" im Jahr 2015 dient hierfür als exemplarisches Beispiel (vgl. Schindler 2015).

Die digitale Transformation durch „Smart Products" und die dadurch entstehende bleibende Verbindung von Produkten über deren Lebenszeit ist damit noch nicht am Ende: Die jüngst von Schindler und General Electric (GE) angekündigte Kooperation (u.a. Gutierrez 2016) zur Nutzung der IoT-Plattform „Predix" soll die digitalen Prozesse nochmals voranbringen.

4 IoT & Big Data

Das Internet of Things und sein Versprechen einer effizienten, flexiblen und anpassbaren Produktion, hängt stark von Big Data ab. Mit dieser Aussage eröffnet Breur (2015, S. 1) das Editorial zum Journal of Marketing Analytics im Jahr 2015.

Im gleichen Artikel (Breur 2015, S. 1) wird der Taxi-Dienstleister „Uber" als Beispiel eines neuen, innovativen Geschäftsmodells basierend auf Geo-Location-Funktionen und Smartphones beschrieben. Die „Data Analytics"-Komponente dabei ist die Vorhersage von Ankunftszeit, Fahrtkosten und Fahrtdauer als Voraussage (basierend auf der optimalen Route in exakt diesem Moment). Diese Analyse von Daten und das Erzielen von Erkenntnissen daraus ist das Ziel der Datenhaltung. „Niemand speichert Daten um der Speicherung willen" fasst Breuer (2015, S. 1f) dies treffend zusammen.

Datenanalyse ist kein neues Phänomen: Schon jeher werden Daten genutzt, um Wettbewerbsentscheidungen zu begründen. Für Marktforschungsunternehmen beispielsweise ist das Erzeugen von relevanten Marktdaten für Unternehmen die wesentliche Geschäftsgrundlage. Mit „Big Data" können für Unternehmen nun Wettbewerbsvorteile entstehen, wenn sie mehr Daten haben als ihre Wettbewerber oder aus den gleichen Daten mehr Informationen ziehen können.

Durch das IoT und die damit verbundene Anbindung einer riesigen Anzahl an Geräte, die Daten erzeugen – und diese maschinell verarbeitbar übertragen – entstehen riesige zusätzliche Datenmengen.

Echtzeitdaten (strukturiert / unstrukturiert) Streaming von IoT-Geräten Was? Messwerte, Steuergrößen, Temperaturen, Telematik-Daten, etc. Wo? Sensoren, Steuerungen, Antriebe, Instrumente, Geräte, …
Strukturierte (Batch)-Daten Datenbanken, IT-Systeme Was? Informationen über Anlagen, Lagerbestände, Kosten, etc. Wo? ERP, EAM, MES, Datenbanken, Controlling-Systeme …
Unstrukturierte (Batch)-Daten Text, Free-form Was? Wartungsberichte, Log-Files, etc. Wo? E-Mail, soziale Medien, Protokolle …

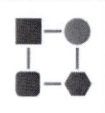

Abbildung 27: Unterschiedliche „Big Data" am Beispiel der Predictive Maintenance (in Anlehnung an Dell 2016, S. 2)

In vielen Fällen generieren alleine die Sensor-Daten bzw. IoT-Daten der angebundenen Geräte schon Mehrwerte (bspw. durch ein virtuelles Abbild der tatsächlichen Situation in Echtzeit und dadurch bessere Reaktionsmöglichkeiten). Durch eine Kombination unterschiedlicher Daten und Data Analytics Methoden auf dem Datenbestand, erhöht sich der aus den Daten erzielbare Nutzen jedoch exponentiell. Dies gilt insbesondere dann, wenn die Daten zurück in die Geschäftsprozesse gespielt werden.

Der Anwendungsfall „Predictive Maintenance" ist ein gutes Beispiel. Durch Datenanalyse-Methoden können Sensordaten als Grundlage zur Ermittlung von Ausfallwahrscheinlichkeiten dienen und dadurch Wartungszyklen optimiert werden. Soweit der einfache Fall. Wenn zusätzlich noch Lagerbestände von Ersatzteilen, deren Nachbeschaffung und die Schichtplanung der Instandhaltung mit in den Datenmodellen betrachtet werden, kann der gesamte Instandhaltungsprozess optimiert werden und nur nicht nur der Wartungszyklus als singulärer Parameter.

Auch Breur (2015, S. 1) beschreibt das enorme Wachstum an Datenmengen und erläutert zwei Beispiele für Datenmengen, die das IoT generiert:

- Ein Transatlantikflug generiert allen mit den Sensoren an Bord eines Flugzeugs insgesamt drei Terrabyte an Rohdaten.
- Selbstfahrende Autos werden etwa 750 MB pro Sekunde an Sensor-Daten erzeugen (zumindest spricht Google von einer solchen Größenordnung für sein Google Car).

Dabei weist er auch darauf hin, dass es mit den Rohdaten noch nicht getan ist und diese Daten noch um weitere Daten ergänzt werden müssen, wenn sie als Grundlage für Analysen dienen sollen.

5 IoT & Industrie 4.0

Industrie 4.0 ist ein weiteres „Buzzword" der letzten Jahre mit Blick auf Digitalisierungsthemen. In Rankings der meistgenutzten Schlagwörter in Zusammenhang mit digitaler Transformation landet der Begriff regelmäßig auf den oberen Plätzen.

Der Ausdruck „Industrie 4.0" wurde im Rahmen einer Diskussion während der Hannover-Messe erstmals an die Öffentlichkeit getragen (vgl. die ausführliche Darstellung in Müller 2015, S. 93f). Er entstand dabei angeblich aus der Forderung der Bundeskanzlerin Angela Merkel, die angestoßene Initiative zur digitalen Agenda der deutschen Produktion mit einem griffigen Überbegriff zu versehen.

Mit „4.0" ist dabei die vierte industrielle Revolution gemeint, die nach Meinung der Forscher mit der „Vernetzung" auf die großen bisherigen Meilensteine der Industriegeschichte folgen soll (vgl. Abbildung 28). Eine exakte, einheitliche Definition, was Industrie 4.0 dabei umfasst, gibt es bis heute nicht. Vielmehr ist der Begriff ein Schlagwort geblieben, mit dem Unternehmen genauso wie Forschungsprojekte werben.

Trotzdem der unterschiedlichen Definitionen lassen sich Kernelemente herausgreifen, der üblicherweise (vgl. Müller 2015, S.100ff) ein Baustein der Industrie 4.0 ist: Cyber-Phyische Systeme (CPS).

1. Industrielle Revolution (1750)	Arbeits- und Kraftmaschinen ermöglichen die Industrialisierung und verhindern Hungerkatastrophen • Bevölkerungsexplosion • Zentralisiertes, arbeitsteiliges und teilmechanisiertes Fabriksystem in Textil-, Eisen- und Stahlindustrie • Entstehung und Ausbeutung der Fabrikarbeiterschaft, Pauperismus, Urbanisierung, Bürgerliche Revolution
2. Industrielle Revolution (1870)	Wohlstand durch arbeitsteilige Massenproduktion mit Hilfe elektrischer Energie • Bevölkerungswachstum und Wohlstandsnachfrage • Großindustrielle Massenproduktion Elektro-, Chemie- und Automobilindustrie • Bedeutung Gewerkschaften wächst, Entstehung Sozialdemokratie, Kommunismus und Wohlstandsgesellschaft
3. Industrielle Revolution (1960)	Elektronik und IT ermöglichen automatisierungsgetriebene Rationalisierung sowie variantenreiche Serienproduktion • Verkäufer- → Käufermarkt im globalen Wettbewerb • Variantenreiche Serienproduktion mechatronischer Systeme • (Soziale) Marktwirtschaft, Wissensexplosion, Verschuldung entwickelter Volkswirtschaften, Globalisierung
4. Industrielle Revolution (20xx)	Cyber-Physische selbststeuernde Systeme und das Internet der Dinge • Physikalische Welt und virtuelle Welt verschmelzen durch Vernetzung intelligenter Gegenstände • Individualisierung der Kundenwünsche • Bewältigung globaler Herausforderungen wie Energie- und Ressourceneffizienz

Abbildung 28: Die vier industriellen Revolutionen (angelehnt an Müller 2015, S. 94)

Solche CPS sind dabei „eingebettete Systeme" (in Anlehnung an Vogel-Heuser 2014, S. 37f), die:

- Mittels Sensoren unmittelbar physikalische Daten erfassen und mittels Aktoren auf physikalische Vorgänge einwirken,

- Daten auswerten und speichern sowie auf dieser Grundlage aktiv oder reaktiv mit der physikalischen und der digitalen Welt interagieren,
- mittels digitaler Netze untereinander verbunden sind, und zwar sowohl drahtlos als auch drahtgebunden, sowohl lokal als auch global,
- weltweit verfügbare Daten und Dienste nutzen,
- über eine Reihe multimodaler Mensch-Maschine-Schnittstellen verfügen, also für Kommunikation und Steuerung differenzierte und dedizierte Möglichkeiten bereitstellen.

Die cyber-physischen Systeme sind also „Dinge" im Internet der Dinge. Intelligente Objekte, deren digitales Abbild jederzeit exakt die physischen Gegebenheiten wiedergibt. Eine Vielzahl solcher miteinander vernetzter CPS (die Produktionsanlagen, Behälter, Produkte, Transportsysteme, Lagerregale etc. sein können) bildet dann die „Smart Factory" – um gleichzeitig noch einen weiteren Begriff ins Spiel zu bringen.

In der Vision der Industrie 4.0 wird dabei vor allem davon gesprochen, dass die einzelnen CPS nicht zentral gesteuert und geplant werden, sondern als selbststeuernde, autonome Systeme datenbasiert eigene Entscheidungen treffen und sich Produkte („Smart Products") so selbständig ihren optimalen Weg durch die Produktion bahnen.

Für die Industrie bedeutet das, dass sich auch dem Weg zur Industrie 4.0 insbesondere die IT-Landschaft in der

Produktion drastisch verändern muss. Während heute eine starre und hierarchische Systemlandschaft die Regel ist (vgl. Abbildung 29), wird insbesondere durch das Internet der Dinge an dieser Stelle ein Umbruch erwartet. Einzelne Dinge kommunizieren miteinander bzw. mit unterschiedlichen Anwendungen und Services.

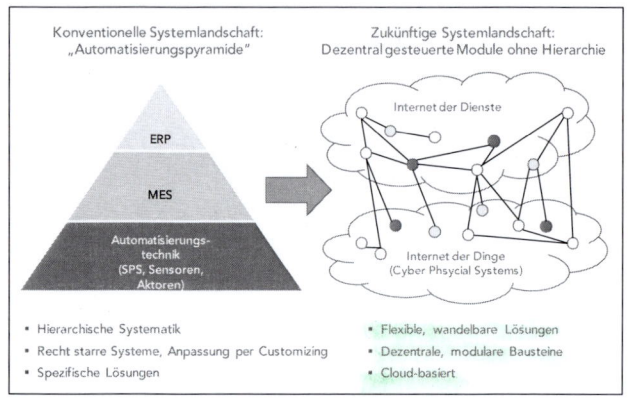

Abbildung 29: Das IoT als Grundlage zukünftiger Industrie 4.0 IT-Architekturen (vgl. Müller 2015, S. 125)

Bial & Scheuch (2015, S. 2) unterscheiden zwischen IoT und Industrie 4.0 insofern, dass Industrie 4.0 einen starken Produktionsbezug hat, während beim IoT der verbesserte Kundennutzen im Vordergrund steht.

6 Geschäftsmodelle im IoT-Kontext

Die Diskussionen um Digitalisierung, Industrie 4.0 oder auch das Internet der Dinge werden üblicherweise nicht geführt, weil Unternehmen fasziniert von neuen technischen Möglichkeiten sind und diese um ihrer selbst willen ausprobieren wollen. Im Regelfall geht es um Geld: Es geht um Marktanteile, um Wettbewerbsvorteile, um Nutzenvorteile, um den Business Case hinter dem Internet der Dinge.

6.1 Geschäftsmodellentwicklung

Mit der Frage, womit zukünftig Geld verdient werden kann, beschäftigt sich sinnvollerweise jedes Unternehmen. Dies ist insbesondere deswegen relevant, weil selbst ein gut Laufendes Geschäft noch lange kein Garant für die Ewigkeit ist. Marktverhältnisse verändern sich, Kundenbedürfnisse wandeln sich und technische Möglichkeiten ergeben sich regelmäßig neu.

In den letzten beiden Jahrzehnten verliefen solche Veränderungen evolutionär: Produzierende Unternehmen mussten sich beispielsweise mit zunehmender Relevanz von Serviceangeboten auseinandersetzen und diese zunehmend im Fokus betrachten. Auch im Handel beispielsweise mussten sich die Unternehmen mit dem Online-Handel als

Konkurrenz oder auch zweiter Absatzmöglichkeit auseinandersetzen.

Die zunehmende digitale Vernetzung bringt jedoch neue Herausforderungen als nur Ergänzungen oder Korrekturen zu bestehenden Geschäftsmodellen mit sich.

Durch die weltweite Vernetzung, die große Reichweite und häufig die komplett digitalisierte Leistungserbringung sind Unternehmen nicht mehr zwingend auf große eigene Standortnetzwerke angewiesen. Auch die globale Zusammenarbeit zwischen unterschiedlichen Beteiligten wird stetig einfacher und zusammenarbeitende Menschen müssen nicht mehr innerhalb eines Unternehmens organisiert werden. So schaffen es kleine, junge Unternehmen innerhalb kürzester Zeit, zu Marktführern aufzusteigen. Das Unternehmen, bei dem weltweit die meisten Übernachtungen gebucht werden, heißt inzwischen AirBnB und besitzt kein eigenes Hotelbett. Die meisten Fahrten buchen Menschen weltweit bei Uber, die kein eigenes Taxi betreiben.

Unternehmen sollten sich damit auseinandersetzen, was die digitale Zukunft für sie bedeutet und wie sie von der Digitalisierung durch neue Geschäftsmodelle profitieren können.

Bilgeri et al. (2015, S. 3ff) beschreiben einen Weg, wie IoT-spezifische Geschäftsmodelle durch einen systematischen Ansatz entwickelt werden können. Die vier Phasen des Ansatzes werden in Abbildung 30 zusammengefasst: ausgehend von einer grundlegenden Idee werden mögliche

Ideen für Geschäftsmodelle in einzelnen Workshops mit einem möglichst vielfältig zusammengesetzten Team zuerst identifiziert, dann bewertet und ausgearbeitet.

Ideation

Durchführung mehrerer Workshop-Runden zur Ideenfindung für neue Geschäftsmodelle:
- Brainstorming und Clustern von Ideen ausgehend von einer grundlegenden Vision, Mission oder Produktidee,
- Bewertung einer Long-List von Ideen,
- Reduzieren der Long-List auf eine Short-List neuer Ansätze (max. 5) und
- grobes Skizzieren der verbleibenden Ideen

Preparation

Durchführung mehrerer Workshop-Runden zur Ausarbeitung der ausgewählten Ideen:
- Detaillieren der Short-List-Ansätze aus Kundenperspektive (Customer Journey) und der dafür benötigten Fähigkeiten im Unternehmen
- Analyse des Stakeholder-Netzwerks für alle am Geschäftsmodell beteiligten Partner (Wer ist notwendig? Was trägt er bei? Was hat er davon?)
- Detaillierung des Geschäftsmodells aus einer ausgewählten Stakeholder-Perspektive inkl. einer Business-Case-Betrachtung

Evaluation

Durchführung mehrerer Workshop-Runden zur Ausarbeitung der ausgewählten Ideen:
- Zusammenfassung des ausgearbeiteten Geschäftsmodells und der bisherigen Dokumente
- Szenario-Rechnung für die wichtigsten Parameter bzw. Risiken (Best Cast / Worst Case)

— Management Entscheidung —

Scaling

Mit einer positiven Management-Entscheidung kann die Umsetzung des neuen Geschäftsmodells starten.

Abbildung 30: IoT-Geschäftsmodellentwicklung in Anlehnung an Bilgeri et al. (2015, S. 3ff)

Eine Methodik, die im Zusammenhang mit neuen digitalen Geschäftsmodellen Innovationen schaffen soll, ist das sogenannte „Design Thinking". Diese Arbeitsmethode, die in den neunziger Jahren im Umfeld der amerikanischen Stanford University erstmals erwähnt wurde (vgl. Gürtler & Meyer 2013, S. 14), versteht sich als Sammlung unterschiedlicher Techniken, deren Zusammenspiel den Erfolg von Ideen erhöhen soll.

Abbildung 31: Kreatives Arbeiten im Design Thinking Workshop (Bild: sap.com)

Design Thinking hat den Anspruch, drei wesentliche Säulen im Rahmen der Problemlösung miteinander in Einklang zu bringen (vgl. HPI Academy 2016):

- Mensch (Wünschbarkeit)
- Technik (Machbarkeit)
- Wirtschaft (Vermarktbarkeit)

Ausgehend von Nutzerwünschen und Bedürfnissen wird über eine systematische Vorgehensweise (vgl. Abbildung 32) eine komplexe Problemstellung angegangen. Dabei ist ein konsequenter Austausch zwischen Lösungsentwickler und Nutzer im Mittelpunkt (beispielsweise durch Prototypen). Neben der definierten Prozess-Vorgehensweise sind wesentliche Aspekte die richtige Teamzusammensetzung mit unterschiedlichsten Teilnehmern sowie passende Räumlichkeiten, die variabel die Diskussionen unterstützen.

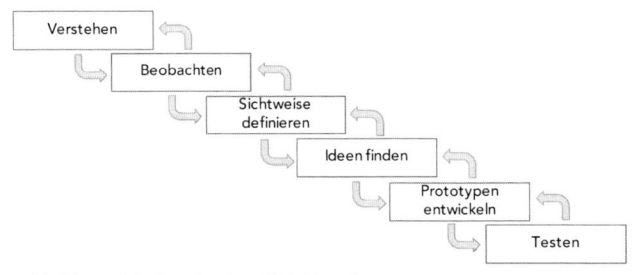

```
Verstehen
   └→ Beobachten
          └→ Sichtweise
              definieren
                 └→ Ideen finden
                       └→ Prototypen
                           entwickeln
                              └→ Testen
```

Abbildung 32: Der Design Thinking Prozess

6.2 Plattform Management

Ein wesentlicher Faktor bei IoT-Geschäftsmodellen ist es, über das eigene Unternehmen und die eigene Wertschöpfung hinaus zu denken (vgl. Bilgeri et al. 2015, S. 1). In den meisten Szenarien entsteht ein wirklicher Kundennutzen erst im Zusammenspiel der Wertschöpfung unterschiedlichster Beteiligter (Kunden, Partner, Anwender etc.) innerhalb komplexer Ökosysteme.

Der Begriff „Ökosystem" (engl. Ecosystem) hat sich dabei für Plattform-Modelle durchgesetzt, bei denen es nicht eine reine singuläre Kunden-Lieferanten-Beziehung gibt. Vielmehr geht es um Plattform-Lösungen, bei denen unterschiedlichste Verkäufer, Käufer und Dienstleister zusammengebracht werden und aus der Kombination ein Mehrwert für alle am entsprechenden Geschäftsmodell beteiligten entsteht.

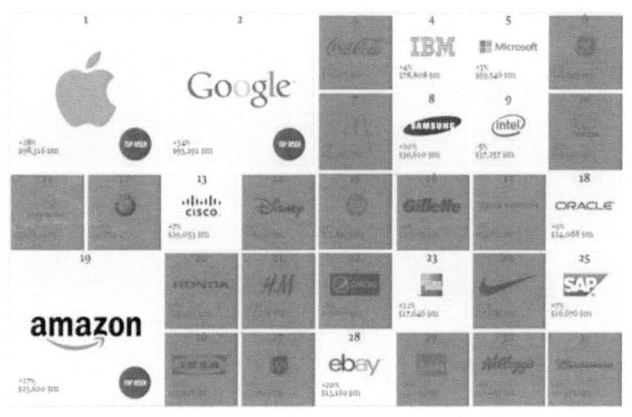

Abbildung 33: Unternehmen mit Plattform-Geschäftsmodellen (bzw. dunkel gefärbt = in Planung) – (Bildquelle: mitsloan.mit.edu)

Abbildung 34 zeigt, wie ein Plattform-Management bzw. Digital Ecosystem Management (DEM) grundsätzlich aussehen kann. Vereinfacht dargestellt geht es darum, dass man nicht mehr länger nur seine eigenen Produkte und Leistungen anbietet. Über einen Marktplatz bietet man auch anderen Anbietern an, deren Produkte und Leistungen den Kunden anzubieten.

Damit werden auch deren Kunden auf den Marktplatz „gelockt". Diese wiederum können dort auch Leistungen des eigenen Unternehmens beziehen. Als Plattform-

Betreiber kümmert man sich um das Betreiben der Plattform und die Abwicklung der Geschäfte bis hin zum Zahlungsstrom. Dadurch wird man neben dem eigenen Geschäft ein „Makler" für Geschäfte zwischen Dritten. Da diese dafür üblicherweise Service-Gebühren bzw. Provisionen (bei abgewickelten Geschäften) zahlen, kann die Plattform eine Win-Win-Situation für alle Beteiligten sein.

Abbildung 34: Digital Ecosystem Management (DEM) – (Bild: bearingpoint.com)

7 IoT & Security

Im Internet der Dinge stehen Daten im Vordergrund. In vielen Fällen sind dies auch sensible, private Daten oder für Unternehmen geschäftskritische Daten. Daher müssen Datenschutz und Datensicherheit gewährleistet sein. Insbesondere bei neuen Technologien wie dem IoT, stehen jedoch Innovationsgeschwindigkeit und das Vorpreschen im Wettbewerb im Vordergrund. Neue Geräte und Applikationen sollen schnellstmöglich auf den Markt gebracht werden und ein „Design for Security" steht oft nicht weit oben auf der Prioritätenliste der Anbieter (vgl. Searchsecurity 2016).

Durch diese nachgelagerte Betrachtung der IoT-Sicherheit werden in vielen Fällen zahlreiche Schwachstellen und Risiken deutlich, deren Absicherung Unternehmen vor große Herausforderungen stellt.

Die unvorstellbar hohen Datenströme des IoT vergrößern die Angriffsfläche für IT-Sicherheitsrisiken um ein Vielfaches (vgl. Banerjee 2016). Die Realität zeigt, dass das nicht nur theoretisch der Fall ist (vgl. Bayer et al. 2015): es gibt genügend Berichte über Hacker, die Heizungsanlagen von Einfamilienhäusern aus dem Internet manipulieren oder Smart-TVs zum Ausspähen der Bewohner des „Smart Home" nutzen. Selbst in scheinbar sichereren Industrieanlagen übernehmen IT-Angreifer die Steuerung von Anlagen aus der Ferne.

Schwachstelle	Anzeichen
Unsichere Web-Oberflächen	• (Zwangsnutzung) von Standardbenutzern /-passwörtern • Fehlende Account-Sperre bei fehlerhaften Logins • Schwachstellen in XSS, CSRF, SQLi etc.
Schlechte Authentifizierung bzw. Autorisierung	• Schwache Passwörter werden genutzt • Unsichere Passwort-Reset-Prozeduren • Keine zwei-Faktoren Authentifizierung
Unsichere Netzwerkdienste	• Nicht benötigte geöffnete Ports • Nutzung von UPnP für die Port-Anbindung • Netzwerkdienste angreifbar für „Denial of Service"-Attacken
Fehlende Transport-Verschlüsselung	• Sensible Informationen werden in Klartext übertragen • SSL/TLS nicht verfügbar • Proprietäre Verschlüsselungsprotokolle
Datenschutz	• Zu viele personenbezogene Daten werden gesammelt • Gespeicherte Informationen werden nicht genügend geschützt • Anwender können nicht über die Datenspeicherung entscheiden
Unsichere Cloud-Interfaces	• Cloud-Interfaces werden nicht auf Sicherheitslücken geprüft • Schwache Passwörter • Fehlende Zwei-Faktoren Authentifizierung
Unsichere Mobilgeräte	• Schwache Passwörter werden genutzt • Keine zwei-Faktoren Authentifizierung • Fehlende Account-Sperre bei fehlerhaften Logins
Fehlende Konfigurierbarkeit der IT-Security	• Keine Verschlüsselungs-Optionen • Anwender erhalten keine Sicherheits-Alarme
Unsichere Soft-/Firmware	• Keine Verschlüsselung von Geräte-Updates • Update-Server sind nicht abgesichert und Geräte-Updates nicht signiert
Schlechte physische Sicherheit	• Unnötige Anschlüsse (USB) • Zugang zum Betriebssystem über ext. Medien • Admin-Funktionalitäten nicht einschränkbar

Abbildung 35: Top-10 Sicherheits-Schwachstellen im IoT (vgl. OWASP 2016a)

Doch wie lässt sich Datensicherheit und Datenschutz für das IoT umsetzen? Die größten und offensichtlichsten

Schwachstellen liegen nicht in neuen Technologien oder neuen Angriffsmöglichkeiten, sondern ergeben sich oft aus einer nachlässiger Umsetzung von längst bekannten Sicherheitsaspekten (vgl. OWASP 2016):

- Schlecht gesicherte Webanwendungen (die dadurch anfällig gegen SQL-Angriffe und sogenanntes Cross-Site-Scripting sind)
- Schwache Benutzer- und Geräteauthentifizierung (bspw. durch schwache Passwörter)
- Ungesicherte Kommunikationskanäle
- Vorkonfigurationen mit Sicherheitslücken
- Sicherheitslücken in der grundlegenden Hard- und Software (bspw. Firmware-Lücken)

Reinwarth (2015) fordert statt der immer schnelleren Entwicklung neuer Geräte und neuer Funktionen eine grundlegende Orientierung auf ein auf „Security by Design" und „Privacy by Design" ausgerichtetes Architekturkonzept. Im Vergleich mit Technolgie-Entwicklungen der letzten Jahre behauptet er jedoch, dass dies noch dauern wird. Bei Cloud-Anwendungen war die Entwicklung ähnlich: Während in den ersten Jahren Funktionalität und Kostenersparnis im Vordergrund stand (vgl. Reinwarth 2015), sind Themen wie Sicherheit, Governance und Compliance zunehmend mehr im Fokus.

Bis neue Sicherheitskonzepte durchgängig umgesetzt sind, lässt sich mit einfachen Mitteln ein Mindestumfang an Sicherheit implementieren (Searchsecurity 2016):

- Verwenden sicherer Entwicklungspraktiken und Implementierung entsprechender Kontrollmechanismen
- Sicherung des Datenschutzes, sowohl bei Speicherung als auch Übertragung. Dazu gehört auch eine transparente Offenlegung, wie personenbezogene Daten behandelt werden.
- Verschlüsselung bei jeder Datenübertragung (auch beim Aufspielen von Updates)
- Regelmäßige Überprüfung und Bewertung der IT-Sicherheit durch Kontrollen und Audits
- Einführung eines Risiko-Managements für IoT-Geräte
- Aktivierung der möglichen Security-Funktionen bei den IoT-Geräten (Verschlüsselung, starke Passwörter, etc.)

Neben diesen Sicherheitsmaßnahmen (die im Wesentlichen vor externen Gefahren schützen), sind auch interne Gefahren nicht zu unterschätzen (beispielsweise, wenn interne Quellen Sicherheitsrisiken werden und Daten stehlen).

Dass es nicht die eine pauschale Lösung zur IoT-Sicherheit gibt, ist allein schon durch die Vielzahl an IoT-Geräten und IoT-Szenarien gegeben. Jedes Unternehmen muss für jede einzelne Applikation eine entsprechende Sicherheits-Architektur und -Konzept entwickeln.

Literatur & Quellen

Amazon (2016)
    AWS IoT, online unter: https://aws.amazon.com/de/iot/ (Abruf am 02.10.2016)

Amazon (2016)
    Funktionsweise der AWS IoT-Plattform, online unter: https://aws.amazon.com/de/iot/how-it-works/ (Abruf am 30.09.2016)

Amazon (2016a)
    AWS IoT, online unter: https://aws.amazon.com/de/iot/ (Abruf am 30.09.2016)

Amazon (2016b)
    Core Tenets of IoT, online unter: http://d0.awsstatic.com/whitepapers/core-tenets-of-iot1.pdf (Abruf am 05.10.2016)

Apple (2016)
    Schindler: Elevating Service and safety with real-time data, online unter: http://www.apple.com/business/schindler/ (Abruf am 13.09.2016)

Ashton K. (2009)
    That 'Internet of Things' Thing, online unter: http://www.rfidjournal.com/articles/view?4986 (Abruf vom 29.07.16)

Bahga A., Madisetti V. (2014)
    Internet of Things: A Hands-On Approach, VPT Verlag

Banerjee S., 2016)
    Ohne IT-Sicherheit kein Internet der Dinge, online unter: http://www.industry-of-things.de/ohne-it-sicherheit-kein-internet-der-dinge-a-545566/ (Abruf am 20.11.16)

Bayer S., Minzlaff M, Wolf M (2015)
IT-Sicherheit und Datenschutz in IoT-Projekten umsetzen, online unter: https://www.heise.de/developer/artikel/IT-Sicherheit-und-Datenschutz-in-IoT-Projekten-umsetzen-3014580.html (Abruf am 20.10.2016)

BBC (1999)
Sci/Tech Making your kitchen cool, online unter: http://news.bbc.co.uk/2/hi/science/nature/276870.stm (Abruf am 19.09.2016)

BearingPoint (2015)
„Connected Cars": Autohersteller und Zulieferer müssen stärker kooperieren, online unter: http://toolbox.bearingpoint.com/de/digitalisierung/news-detail-digitalisierung/connected-cars-autohersteller-und-zulieferer-muessen-staerker-kooperieren/1798/ (Abruf am 25.08.2016)

BearingPoint (2016)
OEMS and Connected Cards: Time to seize the connected future, online unter: https://www.bearingpointinstitute.com/en/system/files/article/bei008_14_ccx-oems-and-connected-cars-time-to-seize-the-connected-future.pdf (Abruf am 25.08.2016)

Braun T. (2010)
Das Internet der Zukunft. In: Informatik Spektrum, Jg. 33, Ausgabe 2, S. 103-105

Bial D., Scheuch R. (2015)
Architecting for the Internet of Things (IoT): Eine Referenzarchitektur für IoT-basierende digitale Geschäftsmodelle, online unter: http://www.sigs-datacom.de/uploads/tx_dmjournals/Rolf_Scheuch_OTS_IoT_2015.pdf (Abruf am 03.10.2016)

Bilgeri D, Brandt V, Lang M, Tesch J, Weinberger M (2015)
The IoT Business Model Builder (Whitepaper), online unter: http://www.iot-lab.ch/wp-content/uploads/2015/10/Whitepaper_IoT-Business-Model-Builder.pdf (Abruf am 30.09.2016)

BMWi (2015)
Studie: Erschließen der Potenziale der Anwendung von Industrie 4.0 im Mittelstand, online unter: http://www.bmwi.de/BMWi/Redaktion/PDF/Publikationen/Studien/erschliessen-der-potenziale-der-anwendung-von-industrie-4-0-im-mittelstand.pdf
(Abruf am 18.10.2016)

BMWi (2016)
Intelligente Netze, online unter: http://www.bmwi.de/DE/Themen/Energie/Netze-und-Netzausbau/intelligente-netze.html (Abruf am 15.10.2016)

Bradley J., Barbier J., Handler D. (2013)
Embracing the Internet of Everything to Capture your Share of $14.4 Trillion, online unter: http://www.cisco.com/c/dam/en_us/about/ac79/docs/innov/IoE_Economy.pdf (Abruf am 18.08.2016)

Breur T. (2015)
Big data and the internet of things. In: Journal of Marketing Analytics, Jg. 3, Ausg. 1, S. 1-4

Büst R. (2015)
Microservice: Cloud- und IoT-Applikationen zwingen den CIO zu neuartigen Architekturkonzepten, online unter: https://www.crisp-research.com/microservice-cloud-und-iot-applikationen-zwingen-den-cio-zu-neuartigen-architekturkonzepten/
(Abruf am 01.10.2016)

C2C (2007)
>CAR 2 CAR Communication Consortium Manifesto, online unter: https://www.car-2-car.org/index.php?eID=tx_nawsecuredl&u=0&g=0&t=1476094741&hash=fa444ad106ffcbeb8f730339ff9abb4abec236bc&file=fileadmin/downloads/C2C-CC_manifesto_v1.1.pdf (Abruf am 09.10.2016)

Carretero J., Garcia J.D. (2014)
>The Internet of Things: Connecting the World. In: Personal and Ubiquitous Computing, Februar 2014, Jg. 18, Ausgabe 2, Seiten 445–447

Church Z. (2016)
>Reading List: Digital Platform Strategy, online unter: http://mitsloan.mit.edu/newsroom/articles/reading-list-digital-platform-strategy/ (Abruf am 20.10.2016)

Davis T. (2015)
>Internet der Dinge: Keine Vision mehr, sondern Realität, online unter http://www.digitalbusiness-cloud.de/fachartikel/internet-der-dinge-keine-vision-mehr-sondern-realitaet (Abruf am 18.08.2016)

Dell (2016)
>Predictive Maintenance Blueprint, online unter: http://i.dell.com/sites/doccontent/shared-content/data-sheets/en/Documents/DELL_PdM_Blueprint_Final_April_8_2016.pdf (Abruf am 10.08.2016)

Ericsson (2016)
>5G, online unter: https://www.ericsson.com/res/docs/2015/5g-rev-c.pdf (Abruf am 08.10.2016)

EU – Europäische Kommission (2007)
: on RFID - The next step to the Internet of things, online unter: https://ec.europa.eu/jrc/en/event/rfid-next-step-internet-things-7762 (Abruf am 16.08.16)

EU – Europäisches Parlament (2015)
: European Parliament Briefing May 2015: The Internet of Things – Opportunities & Challenges, online unter: http://www.europarl.europa.eu/RegData/etudes/BRIE/2015/557012/EPRS_BRI(2015)557012_EN.pdf (Abruf am 13.08.2016)

Fleisch E., Mattern F. (2005)
: Das Internet der Dinge: Ubiquitous Computing und RFID in der Praxis: Visionen, Technologien, Anwendungen, Handlungsanleitungen. Springer Verlag, Berlin & Heidelberg.

Fleisch E., Thiesse F. (2014)
: Internet der Dinge, online unter: http://www.enzyklopaedie-der-wirtschaftsinformatik.de/wi-enzyklopaedie/lexikon/technologien-methoden/Rechnernetz/Internet/Internet-der-Dinge (Abruf am 16.08.16)

Grün F.O. (2014)
: Der vernetzte Kühlschrank: Darum lässt er auf sich warten, online unter: http://www.ekitchen.de/kuechengeraete/kuehlschrank/ratgeber/vernetzter-kuehlschrank-wlan-14499.html (Abruf am 18.08.2016)

Gürtler J., Meyer J. (2013)
: 30 Minuten Design Thinking, GABAL Verlag, Offenbach

Gutierrez (2016)
> GE gives Schindler an IoT lift, online unter: http://www.iothub.com.au/news/ge-gives-schindler-an-iot-lift-430304 (Abruf am 13.09.2016)

Hamann (2015)
> Die große Erleuchtung, online unter: http://www.zeit.de/2015/01/smart-home-wohnen-licht-datenschutz (Abruf am 19.09.2016)

Huawei (2016)
> 5G Network Architecture – A High-Level Perspective, online unter: http://www.huawei.com/minisite/5g/img/5G_Nework_Architecture_A_High_Level_View_en.pdf (Abruf am 16.09.2016)

HPI Academy (2016)
> Was ist Design Thinking?, online unter: https://hpi-academy.de/design-thinking/was-ist-design-thinking.html (Abruf am 20.10.2016)

Ismail N., Paquin R. (2013)
> Maintenance, Repair and Operations (MRO) in Asset Intensive Industries, online unter: http://www.plantservices.com/assets/wp_downloads/pdf/mro-asset-intensive-industries.pdf (Abruf am 09.10.2016)

Klostermeier J. (2015)
> CIO Nilles über das digitale Ökosystem bei Schindler, online unter: http://www.cio.de/a/cio-nilles-ueber-das-digitale-oekosystem-bei-schindler,2977434 (Abruf am 13.09.2016)

Martinez V., Bastl M., Kingston J., Evans S. (2010)
Challenges in transforming manufacturing organisations into product-service providers, in: Journal of Manufacturing Technology Management, Volume 21, Number 4, 2010, Seiten 449 – 469

Mattern F., Flörkemeier Ch. (2010)
Vom Internet der Computer zum Internet der Dinge. In: Informatik-Spektrum, Jg. 33, Ausgabe 2, S. 107-121 (auch online unter: http://www.vs.inf.ethz.ch/publ/papers/Internet-der-Dinge.pdf, Abruf am 14.08.2016)

McGrath, J. (2016)
How Bill Gates' 1997 House set the stage for modern smart homes, online unter: http://www.digitaltrends.com/home/the-awesome-technology-inside-bill-gates-mansion/ (Abruf am 25.08.2016)

Microsoft (2016)
Microsoft Azure IoT Reference Architecture, online unter: http://download.microsoft.com/download/A/4/D/A4DAD253-BC21-41D3-B9D9-87D2AE6F0719/Microsoft_Azure_IoT_Reference_Architecture.pdf (Abruf am 05.10.2016)

Microsoft (2016a)
Azure und Internet der Dinge, online unter: https://azure.microsoft.com/de-de/documentation/articles/iot-hub-what-is-azure-iot/ (Abruf am 05.10.2016)

Middleton P., Kjeldsen P., Tully J. (2013)
Forecast: The Internet of Things Worldwide 2013, online unter: https://www.gartner.com/doc/2625419/ forecast-internet-things-worldwide- (Abruf am 18.08.2016)

Miller C.C. (2014)
: For Google, a Toehold Into Goods for a Home, online unter: http://www.nytimes.com/2014/01/14/technology/google-to-buy-nest-labs-for-3-2-billion.html?_r=0 (Abruf am 19.09.2016)

Müller S. (2015)
: Manufacturing Execution Systeme (MES): Status Quo, zukünftige Relevanz und Ausblick in Richtung Industrie 4.0. BOD Verlag, Norderstedt

NEST (2016)
: Nest thermostat. Online unter: https://nest.com/thermostat/meet-nest-thermostat/ (Abruf am 19.09.2016)

NGMN (2015)
: NGMN 5G White Paper, online unter: https://www.ngmn.org/fileadmin/ngmn/content/downloads/Technical/2015/NGMN_5G_White_Paper_V1_0.pdf (Abruf am 11.09.2016)

OWASP (2016)
: IoT Security Guidance, online unter: https://www.owasp.org/index.php/IoT_Security_Guidance (Abruf am 20.10.2016)

OWASP (2016a)
: Internet of Things – Top 10 Vulnerability Categories, online unter: https://www.owasp.org/images/8/8e/Infographic-v1.jpg (Abruf am 20.10.2016)

Ramisch F. (2015)
: IDC zum Wearable-Markt: Fitnesstracker haben ausgedient, online unter: http://mobilbranche.de/2015/08/idc-wearable-markt (Abruf am 17.10.2016)

Reinwarth (2015)
: Sicherheit und Standards für das Internet of Things, online unter: http://www.zdnet.de/88255583/sicherheit-und-standards-fuer-das-internet-of-things/

Rieche W. (2015)
: Die richtige Architektur ist der Schlüssel für das Internet der Dinge, online unter: http://www.computerwoche.de /a/die-richtige-architektur-ist-der-schluessel-fuer-das-internet-der-dinge,3218292 (Abruf am 01.10.2016)

Samulat P. (2015)
: IoT – Hype oder Geschäftsmodell (vom 17.11.2015), online unter: http://www.computerwoche.de/a/iot-hype-oder-geschaeftsmodell,3219122 (Abruf am 12.08.2016)

Schindler (2015)
: Schindler gewinnt Digital Business Innovation Award 2015, online unter: http://www.schindler.com/com/internet/en/media/press-releases-german/press-releases-2015/schindler-gewinnt-digital-business-innovation-award-2015.html (Abruf am 13.09.2016)

Schoenberger C.R. (2002)
: The internet of things. Forbes Magazine, März 2002, online unter: http://www.forbes.com/global/2002/0318/092.html (Abruf vom 16.08.16)

Searchsecurity (2016)
: Internet der Dinge: Was zu tun ist, um IoT-Security Realität werden zu lassen, online unter: http://www.searchsecurity.de/meinung/Internet-der-Dinge-Was-zu-tun-ist-um-IoT-Security-Realitaet-werden-zu-lassen (Abruf am 20.10.2016)

Slama D., Puhlmann F., Morrish J., Bhatnagar R.M. (2015) Enterprise IoT: Strategies and Best Practices for Connected Products and Services, O'Reilly Media

Spencer L. (2014)
Internet of Things market to hit $7.1 trillion by 2020: IDC, online unter: http://www.zdnet.com/article/internet-of-things-market-to-hit-7-1-trillion-by-2020-idc/ (Abruf am 18.08.2016)

T-Systems (2015)
Das Internet der Dinge führt hoch hinaus, online unter: https://www.t-systems.com/de/de/referenzen/use-cases/use-case/schindler-internet-der-dinge-238198 (Abruf am 13.09.2016)

Vogel-Heuser B. (2014)
Herausforderungen und Anforderungen aus Sicht der IT und der Automatisierungstechnik. In: Bauernhansl T, ten Hompel N, Vogel-Heuser B (Hrsg.) – Industrie 4.0 in Produktion, Automatisierung und Logistik: Anwendung, Technologien, Migration. Springer Vieweg, Wiesbaden, S. 37-48.

Volkswagen (2016) Menschen bewegen – Hauptversammlung 2016, online unter: http://www.volkswagenag.com/content/vwcorp/info_center/de/talks_and_presentations/2016/06/HV_2016.bin.html/binarystorageitem/file2/Charts+MM_HV_6.0_nicht+animiert_d_FINAL.pdf (Abruf am 25.08.2016)

Weiser M. (1991)
The Computer for the 21st Century, in_ Scientific American, Ausgabe September 1991. Online unter: http://www.ubiq.com/hypertext/weiser/SciAmDraft3.html (Abruf am 13.08.16)

Abbildungsverzeichnis

Abbildung 1: Die Köpfe dahinter - Ubiquitous
    Computing & IoT 10

Abbildung 2: Vereinfachte Prinzip-Darstellung des IoT 12

Abbildung 3: Fitness-Tracker als Beispiel für eine IoT-
    Anwendung (Bild: Cisco) 14

Abbildung 4: Zunahme des Serviceanteils auf
    Grundlage der Digitalisierung (in Anlehnung an
    Martinez et. al 2010, S. 449ff) 17

Abbildung 5: Vereinfachte Cloud Architektur (in
    Anlehnung an Microsoft 2016) 25

Abbildung 6: Anbindung von Geräten an das IoT (vgl.
    Amazon 2016a) 26

Abbildung 7: Vernetztes Fahren als beispielhafte IoT-
    Anwendung (vgl. Amazon 2016a) 27

Abbildung 8: Die Amazon IoT-Anbindung im Detail
    (vgl. Amazon 2016) 28

Abbildung 10: Detailblick in die Microsoft IoT-
    Referenzarchitektur (vgl. Microsoft 2016, S. 6) 31

Abbildung 11: Herausforderungen der 5G-
    Technologie (vgl. Huawei 2016, S. 5) 38

Abbildung 13: Bill Gates' Smart Home – 1997 gebaut
    (Bildquelle: bcj.com) 41

Abbildung 14: Electrolux Screenfridge (1999) im Vergleich zum Samsung „Family Hub Refrigerator" aus dem Jahr 2016 (Bildquellen: baulinks.de / retailwire.com) 43

Abbildung 15: NEST Thermostat und App 45

Abbildung 16: Komponenten eines energetischen Smart Home (Bildquelle: sma-sunny.com) 46

Abbildung 17: Frühere Reaktion durch Predictive Maintenance (Dell 2016, S. 1) 47

Abbildung 18: Die BMW i Remote App als Beispiel für heute Car Connectivity Funktionalität (Bildquelle: BMW) 49

Abbildung 19: Warnung über Gefahrenstellen (Bild: car-2-car.org) 50

Abbildung 20: Kollisionswarnung durch Car-to-Car-Kommunikation (Bild: car-2-car.org) 52

Abbildung 21: Infrastructure-to-Car-Kommunikation zur Optimierung des Stadtverkehrs (Bild: car-2-car.org) 53

Abbildung 22: Im Smart Grid verbindet das IoT Energieverbrauch und Energieerzeuger 55

Abbildung 23: Fitness-Tracker als „Basic Wearables" 56

Abbildung 24: Fitness-Tracker-App (Bildquelle: fitbit.com) 57

Abbildung 25: Digitalisierte Schindler-Aufzüge senden in Summe täglich 200 Millionen Nachrichten in das Internet der Dinge (Quelle: Apple) 60

Abbildung 26: Das Smartphone wird für den Schindler-Service zur zentralen Infoquelle über Fehlermeldungen, Ersatzteile und Anleitungen (Quelle: Apple) 61

Abbildung 27: Unterschiedliche „Big Data" am Beispiel der Predictive Maintenance (in Anlehnung an Dell 2016, S. 2) 64

Abbildung 28: Die vier industriellen Revolutionen (angelehnt an Müller 2015, S. 94) 68

Abbildung 29: Das IoT als Grundlage zukünftiger Industrie 4.0 IT-Architekturen (vgl. Müller 2015, S. 125) 70

Abbildung 30: IoT-Geschäftsmodellentwicklung in Anlehnung an Bilgeri et al. (2015, S. 3ff) 73

Abbildung 31: Kreatives Arbeiten im Design Thinking Workshop (Bild: sap.com) 74

Abbildung 32: Der Design Thinking Prozess 75

Abbildung 33: Unternehmen mit Plattform-Geschäftsmodellen (bzw. dunkel gefärbt = in Planung) – (Bildquelle: mitsloan.mit.edu) 76

Abbildung 34: Digital Ecosystem Management (DEM) – (Bild: bearingpoint.com) 77

Abbildung 35: Top-10 Sicherheits-Schwachstellen im IoT (vgl. OWASP 2016a) 80

Abkürzungsverzeichnis

5G	Fünfte Generation Mobilfunk
AG	Aktiengesellschaft
API	Application Programming Interface
AWS	Amazon Web Services
AWS	Amazon Web Services
BBC	British Broadcast Company
BMWi	Bundesministerium für Wirtschaft u. Energie
CPS	Cyber-Physische Systeme
CRM	Customer-Relationship-Management
CSRF	Cross-Site-Request Forgery
DB	Datenbank
DEM	Digital Ecosystem Management
EAM	Enterprise Architecture Management
ERP	Enterprise-Resource-Planning
EU	Europäische Union
HTTP	Hypertext Transfer Protocol
IoT	Internet of Things
IT	Informationstechnik
LTE	Long Term Evolution
MB	Megabyte
MES	Manufacturing Execution System
MIT	Massachusetts Institut of Technology
MQTT	Message Queue Telemetry Transport
NGNM	Next Generation Mobile Networks
PARC	Palo Alto Research Campus
PC	Personal Computer
RFID	Radio Frequency Identification

SDK	Software Development Kit
SQL	Structured Query Language
SQLi	SQL Injection
USB	Universal Serial Bus
UX	User Experience
WLAN	Wireless Local Area Network
XSS	Cross-Site-Scripting

Index

3

3D-Druck 18

5

5G 5, 36, 37, 38, 40, 87, 88, 90, 93, 97

A

Agilität 23, 24
Amazon Web Services 5, 26, 28, 29, 97
Analytics 36, 63, 64, 85
Applikationsarchitektur 23
Arbeitseffizienz 20
Augmented Reality 20
Autonomes Fahren 15
Azure 5, 30, 32, 34, 36, 89

B

Backend 24, 35, 39
Big Data 6, 23, 63, 64, 95
Breitband 37
Business Case 71

C

Car-to-Car 49, 51, 52, 94
Car-to-Infrastructure 49
Car-to-X 49
Client 32
Cloud 5, 23, 25, 26, 28, 30, 32, 33, 37, 47, 54, 81, 86, 93
Connected Car 6, 20, 33, 39, 48, 49
Continuous Delivery 24
CPS 67, 68, 69, 97
Customer Centricity 18
cyber-physischen Systemen 12

D

Datenbrille 20
Device Identity Store 33
Device Registry Store 33
Device Shadows 29
Device State Store 34
Digital Business Innovation Award 61, 91

Digitalisierung 5, 15, 16, 17, 60, 71, 72, 93, 103

E

Energiemanagement 19, 45, 46
ERP 26, 35, 97

F

Fitbit 57
Fitnesstracker 6, 13, 56, 90

G

Gateway 25, 30, 32, 33
General Electric 62
Geo-Location 63
Gerätedichte 38
Geschäftsmodelle 6, 7, 21, 41, 53, 58, 71, 72, 84

H

Heizungssteuerung 45

I

Industrie 4.0 6, 7, 48, 59, 67, 69, 70, 71, 85, 90, 92, 95

Infrastructure-to-Car 50, 53, 94
Infrastruktur 29, 38, 40, 49
Innovation 19, 21, 61, 91
Internet der Dinge 3, 5, 7, 9, 10, 11, 12, 13, 19, 21, 23, 24, 36, 40, 41, 43, 46, 59, 60, 61, 69, 70, 71, 79, 83, 86, 87, 89, 91, 92, 95
Internet of Things 1, 3, 7, 9, 10, 11, 12, 14, 18, 48, 63, 83, 84, 86, 87, 89, 90, 91, 92, 97
Interoperabilität 21
IoT-Architektur 5, 24
IoT-Szenarien 5, 22, 26, 39, 41

K

Kommunikationsarchitektur 36
Konnektivität 32, 59
Kostensenkung 19
Kundenbindung 20
Kundenservice 19
Kundenvorteil 61
Kundenzufriedenheit 20

L

Latenzzeit 36, 39
Logistik 20, 92, 103

M

Maschinendaten 46
Mitarbeiterproduktivität 20
Mobilfunk 37, 38, 39, 40, 97
Mobilität 17, 19, 53
MQTT 27, 97

N

Netzwerkprotokolle 21

P

Preventive Maintenance 6, 46, 47
Produktivität 20

R

Referenzmodell 30, 32
Remote Monitoring 6, 59
Ressourcennutzung 19
RFID 10, 87, 97

S

Schindler 59, 60, 61, 62, 83, 88, 91, 95
Screenfridge 15, 42, 43, 94
Sensoren 21, 23, 29, 38, 47, 59, 65, 68
Sensorik 23
Service-Anbieter 16
Skalierbarkeit 23, 24
Smart Factory 6, 20, 46, 48, 69
Smart Grid 6, 54, 55, 94
Smart Home 5, 11, 19, 41, 42, 45, 46, 55, 79, 93, 94
Smart Meter 54
Smart Products 6, 59, 62, 69
Smartphone 44, 49, 61, 95
Solution UX 35
Stream Processor 34

T

Transparenz 20

U

Uber 63, 72
Ubiquitous Computing 9, 10, 13, 36, 86, 87, 93
Ultra-Narrow-Band 37

Use Case 39

V

Verfügbarkeit 23, 24
vernetzte Fahren 27, 39
Verschwendung 20

W

Wartungszyklen 65
Wearables 6, 13, 56, 58, 94
Wettbewerbsvorteile 61, 63, 71

Über den Autor

Stefan Müller hat an der Hochschule Karlsruhe Wirtschaftsingenieurwesen und Wirtschaftsinformatik an der Otto-Friedrich-Universität in Bamberg studiert. Seit 2004 ist der in verschiedenen Unternehmen und Positionen in der Automobilbranche tätig.

Ein wesentlicher Baustein seines bisherigen Berufslebens waren sechs Jahre bei einem mittelständischen Automobilzulieferer, zuletzt an einem produzierenden Standort verantwortlich für Logistik, Einkauf, Auftragsabwicklung und Controlling.

Seit 2011 arbeitet Stefan Müller bei der Management- und Technologieberatung BearingPoint und berät dort internationale Kunden im Supply Chain Management – zunehmend mit Fokus auf die Gestaltung von Prozessen, Organisation und IT im Hinblick auf zukünftige Anforderungen durch die zunehmende Digitalisierung.

Neben seiner Tätigkeit ist er regelmäßig als Lehrbeauftragter für betriebswirtschaftliche Grundlagenfächer und Projektmanagement an Hochschulen tätig, in der Vergangenheit beispielsweise an der Hochschule Karlsruhe und der Hochschule München.

Er ist ein „Glüxi" – dank seiner Frau Susanne.